Ullstein Sachbuch

DAS BUCH:

Der Buddha lebt ist eine interpretierende Biographie über Shakyamuni, den Begründer der Religion des Buddhismus. Das Buch hat zwei Brennpunkte. Einerseits ist es eine lebendige historische Erzählung, die auf dem aufbaut, was über Shakyamuni bekannt ist oder vernünftigerweise vermutet werden kann. Andererseits ist es der Bericht über ein heroisches Leben, das der Hilfe für die Menschen gewidmet war, damit sie sich selbst von ihren Leiden und von dem Gefühl der Nutzlosigkeit befreien und wahrhaft geistigen Frieden erlangen. *Der Buddha lebt* ist aber auch ein Buch über den Buddhismus, über die Philosophie also, die in Europa immer mehr Anhänger gewinnt. Gerade in Zeiten einer scheinbar fortschreitenden Sinnentleerung der Welt angesichts massiver Probleme suchen Menschen nach Werten, die diesen Zustand positiv verändern können. Der Buddhismus bietet hier Muster an, die seine Bedeutung gerade für die Zukunft unterstreichen.
Daisaku Ikeda schildert das Leben einer bedeutenden Persönlichkeit; er zeigt aber auch das Bleibende, das dieser Mensch für uns und unsere Zeit geschaffen hat.

DER AUTOR:

Daisaku Ikeda, 1928 in Tokio geboren. 1960 Präsident von Soka Gakkai, einer buddhistischen Laiengesellschaft (heute Ehrenpräsident). 1964 Gründung der Komeito-Partei, die von Soka Gakkai unterstützt wird. 1975 entstand Soka Gakkai International, deren Präsident Ikeda ist. Ziele: internationaler kultureller Austausch, Durchsetzung eines weltweiten Friedens und Erziehung des Menschen zur Humanität. 1983 erhielt Ikeda den Friedenspreis der Vereinten Nationen. Zahlreiche Reisen u. a. in die USA, UdSSR und nach China. Über 60 Buchveröffentlichungen. 1986 erschien das Buch *Buddhismus. Das erste Jahrtausend.*

Daisaku Ikeda

Der Buddha lebt

Eine interpretierende Biographie

Mit 1 Karte

Ullstein Sachbuch

Ullstein Sachbuch
Ullstein Buch Nr. 34434
im Verlag Ullstein GmbH,
Frankfurt/M – Berlin
Titel des englischen Manuskriptes:
The Living Buddha
Übersetzt von Dr. Alexander Potyka

Ungekürzte Ausgabe

Umschlagentwurf:
Atelier Noth & Hauer
Unter Verwendung der Fotografie
einer Buddha-Plastik,
Indien: *Stehender Buddha,*
Archiv für Kunst und Geschichte,
Göpel, Berlin

Printed in Germany 1987
Druck und Verarbeitung:
Elsnerdruck, Berlin
ISBN 3 548 34434 8

Januar 1988

CIP-Kurztitelaufnahme
der Deutschen Bibliothek

Ikeda, Daisaku:
Der Buddha lebt: e. interpretierende
Biografie / Daisaku Ikeda.
[Übers. von Alexander Potyka].
– Ungekürzte Ausg. –
Frankfurt/M; Berlin: Ullstein, 1988
(Ullstein-Buch; Nr. 34434:
Ullstein-Sachbuch)
Aus d. Ms. übers.
ISBN 3-548-34434-8
NE: GT

Inhalt

Der junge Shakyamuni 7

Shakyamunis Namen 11
Der Stamm der Shakya 12
Der historische Rahmen 15
Shakyamunis Familie 17
Shakyamunis früheste Jahre 19

Die Große Abkehr 25

Die asketische indische Gesellschaft 31
Der Aufbruch und die Wanderungen 35
Der Aufstieg einer neuen Kultur 42
Die sechs nicht-buddhistischen Lehrer 46

Die Jahre der Askese 55

Die Begegnung mit König Bimbisara 55
Die zwei brahmanischen Eremiten 59
Die asketische Praxis 65
Die Verwerfung der Askese 70

Die Erleuchtung 77

Buddh Gaya 77
Die Versuchung durch Mara 79
Was ist Erleuchtung? 84
Der Inhalt von Shakyamunis Erleuchtung 89
Das Gesetz der Kausalität 93

Shakyamuni, der Lehrer 99

Die Entscheidung, das Gesetz zu verbreiten . . . 99
Das Rad des Gesetzes drehen 102
Shakyamunis Schüler 109
Die Predigten in Uruvela 115

Die Gemeinschaft der Schüler 121

Shariputra und Maudgalyayana 121
Mahakashyapa 129
Sudatta 133
Shakyamunis Reise nach Kapilavastu 136
Ananda 139
Upali und Anuruddha 141

Das Anwachsen des Ordens 145

Die anderen wichtigen Schüler 145
Die Stadt Savatthi 149
Verwaltung des Ordens 158
Devadattas Aufstand 164

Der Eingang ins Nirvana 171

Die traurigen Ereignisse in Shakyamunis letzten Jahren 171
Die letzte Reise 176
Der Hufschmied Chunda 181
Parinirvana 183
Schlußbemerkung über die zehn Existenzzustände 186

Fremdwörterverzeichnis und Register . . 189

Der junge Shakyamuni

Shakyamuni: Jeder Japaner verbindet mit diesem Namen unweigerlich den Buddhismus – war doch Shakyamuni der Begründer dieser großen Weltreligion. Aber wer war dieser bemerkenswerte Mann, wann und wo lebte er, und was führte ihn dazu, einen neuen Glauben zu predigen? Das sind einige jener Fragen, denen ich auf den folgenden Seiten nachgehen möchte.
Ich habe eine feste Vorstellung davon, was für ein Mensch Shakyamuni gewesen sein muß – ein Mann, der auch angesichts der immer wieder drängenden Entscheidung zwischen der einen oder anderen philosophischen Haltung niemals darauf vergaß, zu lächeln, wie andere Menschen auch; ein Weiser, der, bisweilen Unnahbarkeit, bisweilen Stolz und dann auch wieder Ruhe und Gelassenheit ausstrahlend, seinen Weg unbeirrbar fortsetzte – einen Weg, der von Prinzipien bestimmt war, denen er sich mit ganzem Herzen verschrieben hatte. Dieses Bild von Shakyamuni hoffe ich, zeichnen zu können.
Er lehrte weder mit den Begriffen einer strengen, gewinnenden Logik, noch mit jenen des fanatischen Dogmas, er beherrschte kein philosophisches Gefüge, mit dem sich Berge versetzen lassen; er war vielmehr ein Mensch, der danach trachtete, in erstaunlich klaren und einfachen, für jedermann verständlichen Worten, durch Anekdoten und Vergleiche in jedem einzelnen den Geist zu erwek-

ken, der allen Menschen innewohnt. Ich möchte damit natürlich nicht unterstellen, er hätte überhaupt keine Philosophie besessen. Wenn er in seiner bescheidenen Art zur Menschheit spricht, so vernimmt man in seinen klaren und einfachen Worten den Widerhall einer anderen Welt, der Welt des wahrhaftig erleuchteten Menschen, der die Finsternis in sich bekämpft und überwunden und nunmehr die letzte Wahrheit erworben hat.

Das ist natürlich meine persönliche Vorstellung von Shakyamuni. Es ist dieser Shakyamuni, einer unter vielen, die den Weg und die Wahrheit gesucht haben, zu dem ich mich ein Leben lang hingezogen gefühlt habe und den ich schon so lange bewundere. Diesen Shakyamuni möchte ich versuchen zu beschreiben – und nicht irgendeinen überhöhten und verherrlichten Religionsbegründer.

Ich habe hier in wenigen Worten andeutungsweise mein Bild von dem Menschen Shakyamuni skizziert. Doch wenn wir uns über diesen ersten, groben Umriß hinausbewegen und nach den konkreten Daten und Fakten seines Lebens und seiner Lehre suchen, so sehen wir uns plötzlich einem beklagenswerten Mangel an zuverlässigem biographischen und historischen Material gegenüber. Es ist auch tatsächlich kaum möglich, das Leben und die Persönlichkeit dieses Menschen, der vor über zweitausend Jahren lebte, anhand der spärlichen Quellen, die überliefert sind, nachzuzeichnen. Dazu kommt, daß seine Jünger und späteren Nachfolger sich eifrigst daran machten, den großen religiösen Führer zu verherrlichen und zu vergöttlichen. Dadurch ist eine Unmenge von Legendenmaterial zu seiner Person entstanden, das letztlich aber nur der Verschleierung jener wenigen Fakten, über die wir zuverlässig verfügen, diente.

Bereits die Bestimmung seiner Lebenszeit und deren historische Festlegung ist außerordentlich schwierig. Es scheint, als hätte das Volk des alten Indien wenig Sinn für die Bewahrung historischer Daten, die Überlieferung der Veränderungen der weltlichen Gesellschaften gehabt; sein eigentliches Interesse galt der Ergründung der ewigen Wahrheiten, die hinter dem alltäglichen Geschehen verborgen sind. Es ist bezeichnend für das Volk des alten Indien, daß selbst im Falle einer so wesentlichen und so bedeutenden Person, wie Shakyamuni sie darstellt, zwar alles unternommen wurde, um seine Gedanken und seine religiösen Lehren zu bewahren und weiterzugeben, aber keinerlei präzise Angaben zur Biographie des Menschen selbst überliefert sind.

Die noch heute gültige Beziehung des Inders zur Zeit ist eine recht gleichgültige. Reisende kehren aus diesem Land stets mit Erlebnissen zurück, die das illustrieren: Einmal sind es die Eisenbahnen, deren Ankunftszeiten sich nicht nach dem Fahrplan richten, dann wieder Gesprächspartner, die zu vereinbarten Terminen um Stunden zu spät erscheinen. Allerdings – diese gleichgültige Haltung gegenüber der Zeit, diese Weigerung, sich von ihr binden zu lassen, dieses Temperament, das sich einen Fixpunkt sucht, von dem aus die Ergründung des Wesentlichen hinter den sich endlos wandelnden Zyklen der Erscheinungswelt möglich wäre – das alles war wohl eine Voraussetzung für den Aufstieg dieser profunden Philosophie und Religion, des Buddhismus.

Die Inder sind, so scheint es, ein zutiefst philosophisches und meditatives Volk. Sowohl der Buddhismus als auch sein Vorläufer, der Brahmanismus, zeichnen sich durch spekulatives Denken aus und erreichten ein unglaublich hohes Niveau philosophischer Entwicklung, vermutlich zur Zeit ihrer Entstehung das höchste überhaupt. Und wenn auch Indien jeden, der nach historischen oder biographischen Daten sucht, zur Verzweiflung bringt, so bleibt es doch für jeden Erforscher philosophischen und religiösen Denkens außerordentlich faszinierend. Es ist notwendig, dieses grundlegende Wesen der Inder zu begreifen. Denn nur so wird es möglich sein, einige jener Probleme zu beleuchten, auf die wir bei der Erforschung der buddhistischen Lehre stoßen werden.

Ich habe bereits eingangs beklagt, wie spärlich zuverlässige Daten zum Leben Shakyamunis überliefert sind; das bedeutet allerdings keineswegs, daß überhaupt keine Quellen vorhanden wären. So gibt es eine ganze Reihe von Biographien über ihn, insbesondere das *Buddhacharita* oder *Die Werke des Buddha* von dem berühmten indischen Dichter des ersten oder zweiten Jahrhunderts nach Chr., Ashvaghosha. Aber diese Werke wurden erst Jahrhunderte nach Shakyamunis Tod niedergeschrieben, und sie scheinen zu einem beträchtlichen Teil aus Legenden zu bestehen. Der richtige Ansatz besteht nun meines Erachtens nicht darin, die legendenhaften Elemente auszumachen und auszuscheiden, sondern zu untersuchen, warum und wie diese Legenden entstanden sind. Auf diese Weise denke ich, daß wir in die Nähe der Wahrheit gelangen können. Zudem enthalten auch die Sutras, die Heiligen Schriften, neben den Lehren Shakyamunis häufig deskriptive Passagen, die uns eine Hilfe beim Entwurf seiner Persönlichkeit bieten können.

Wegen des Fehlens zuverlässiger historischer Informationen gibt es noch heute unter den Forschern keine einhellige Meinung, wann genau Shakyamuni gelebt hat; immerhin herrscht die Ansicht vor, er hätte etwa im sechsten oder fünften Jahrhundert vor Christus gelebt. Aber lassen wir dieses Datierungsproblem beiseite und wenden wir unsere Aufmerksamkeit dem zu, was wir über das Leben und die Persönlichkeit des Begründers des Buddhismus in Erfahrung bringen können.

Shakyamunis Namen

Wir sollten damit beginnen, uns seinen verschiedenen Namen zuzuwenden. Es herrscht Einigkeit darüber, daß Shakyamuni der Sohn des Herrschers eines kleinen Königreiches war, das von den Mitgliedern des Shakya-Stammes oder -Clans geführt wurde. Shakuson, der Name mit dem er üblicherweise in Japan benannt wird, ist eine japanische Verkürzung der chinesischen Version der Bezeichnung aus dem Sanskrit, Shakyamuni Bhagavat, was soviel wie „Weiser der Shakyas, der Weltverehrte" bedeutet. Es ist folglich eine durchaus angemessene, respektvolle Bezeichnung für den Begründer einer großen Religion.
Weil er in früheren Zeiten in Indien der Buddha genannt wurde, woraus auch die Bezeichnung Buddhismus entstand, ist er noch heute in Süd- und Südostasien und in den westlichen Ländern unter diesem Namen bekannt. In Sanskrit bedeutet dieses Wort „der Erleuchtete" oder „der mit der letzten Wahrheit Erleuchtete". In buddhistischen Schriften gibt es eine starke Tendenz, mit diesem Begriff nicht nur Shakyamuni zu bezeichnen, sondern jeden Menschen, der die höchsten Ideale des Buddhismus verkörpert; manche Forscher meinen sogar, Buddha sei überhaupt nie ein Eigenname gewesen.
In frühen Schriften, ebenso aber in Sri Lanka, Thailand, Indonesien und anderen Ländern, in denen die konservative buddhistische Schule Theravada vorherrscht, ist er auch als Gautama Buddha bekannt. Man ist sich heute darüber einig, daß Gautama ein Familienname war, der jenen Zweig des Shakya-Stammes bezeichnete, dem Shakyamuni angehörte.
Schließlich stößt man in historischen Berichten auch häufig auf den Namen Siddharta, der vermutlich ein Kind-

heitsname oder Rufname Shakyamunis war. So wie der Begriff Buddha hat auch dieser eine spezielle Bedeutung in Sanskrit und könnte etwa mit „erreichtem Ziel" oder „verwirklichter Gerechtigkeit" übersetzt werden. Dem *Buddhacharita* zufolge wurde Shakyamuni so genannt, weil von seiner Geburt an das Königreich der Shakyas reich und fruchtbar geworden war, und sich somit alle Wünsche seines Vaters Shuddhodana erfüllten. Manche Forscher meinen hingegen, Siddharta sei kein Name, sondern gewissermaßen ein Titel Shakyamunis gewesen, eine Anrede des Respektes, die ihm seine Nachfolger in späteren Zeiten als Ehrenbezeugung für sein Erleuchtetsein gaben.

Der Stamm der Shakya

Der Stamm der Shakya, in dem Shakyamuni zur Welt kam, soll sein Zentrum in der ummauerten Stadt oder Ortschaft Kapilavastu gehabt haben. Die genaue geographische Lage dieser Stadt war lange Zeit hindurch ein Streitpunkt; sie soll sich an den südlichen Ausläufern des Himalaya, nördlich des Ganges-Deltas befunden haben. Neueste archäologische Ausgrabungen scheinen hingegen zu belegen, daß die Ortschaft im Terai-Land im heutigen Nepal lag. Aber wie auch immer, der Überlieferung zufolge wurde Shakyamuni ohnehin nicht in der Stadt selbst geboren, sondern rund fünfzehn Meilen außerhalb, in den Lumbini-Gärten.
Zur Zeit der Geburt Shakyamunis waren viele Städte in

diesem Teil Indiens entstanden, und es ist wahrscheinlich, daß Kapilavastu wie die anderen Städte nicht besonders groß war – im Gegensatz zur damaligen Hauptstadt des Staates Magadha, Rajagaha. In seinem Reisebericht aus Indien, dem *Ta-t'ang hsi-yü-chi*, berichtet der chinesische Mönch und Pilger Hsün-tsang (600–664), das Klima des Landes der Shakyas sei warm und die Böden außerordentlich fruchtbar. In frühen buddhistischen Schriften wird häufig Reis erwähnt, was darauf schließen läßt, daß die Menschen dieser Zeit hauptsächlich von der Feldwirtschaft lebten. Man kann sich also vermutlich Kapilavastu als eine durchaus ländliche kleine Stadt vorstellen.

Über die Bevölkerung dieser Gegend weiß man, daß die Stämme der Shakya und Koliya gemeinsam die erstaunliche Zahl von einer Million Menschen erreicht haben. Das bedeutet natürlich nichts in bezug auf die Größe Kapilavastus, und letztlich weiß man auch nicht, ob diese Schätzung auf einer ernstzunehmenden Zählung beruht. Denn für so relativ unbedeutende Stämme wie die Shakyas und die Koliyas scheint diese Zahl doch enorm hoch: Man muß daher annehmen, daß, wie so oft in frühen Schriften, der Begriff der Million schlicht für „sehr zahlreich" steht.

Es hat zahlreiche Diskussionen darüber gegeben, welcher Rasse die Shakyas denn angehörten. Der britische Historiker Vincent Smith vertritt die Auffassung, Shakyamuni habe einem den Gurkhas ähnlichen Bergstamm angehört, dessen rassische Charakteristika ihn den Tibetanern verwandt machten; demnach wäre er ein Angehöriger der mongolischen Rasse gewesen. Diese These stützt sich auf neueste Forschungen, die erbrachten, daß die Ausläufer des Himalaya eine Zeitlang von einem Volk aus dem tibetisch-burmanischen Raum besiedelt waren.

Geläufiger ist die Ansicht, daß Shakyamuni und seine Stammesbrüder indo-arischer Abstammung gewesen sind. Diese Ansicht stützt sich unter anderem auf die Tatsache, daß die Shakyas von sich stolz als „Nachkommen der Sonne" sprachen, und daß diese Nachkommenschaft gemeinhin von den Völkern des indo-arischen Stammes reklamiert wurde. Die alten indischen *Vedict-Hymnen* berichten, daß der Gott der Sonne unter den ersten Gottheiten war, die von den indo-arischen Völkern angebetet wurden. Auch chinesische Texte sprechen oft von den Shakyas als dem „Sonnensaat-Volk", ein weiterer Hinweis darauf, daß sie eine besondere Beziehung zur Sonne für sich beanspruchten und demnach indo-arisch waren. Mir scheint es allerdings ein wenig weit hergeholt, die indo-arische Abstammung allein vom Sonnenkult abzuleiten, denn diese Form der Religion war eigentlich bei fast allen Völkern der Antike gebräuchlich. Man denke nur an den Kult der Sonnengöttin Amaterasu in Japan. Darüberhinaus gab es in der Antike eine ganze Reihe von führenden Familien, die eine direkte Abstammung von der Sonne für sich beanspruchten. Die Sonne war überhaupt das meistverbreitete Anbetungsobjekt der Völker der Antike, und so mag Shakyamunis Verweis auf diese Abstammung nichts als eine Verbeugung vor seinen Vorfahren gewesen sein.

Eine weitere Komplikation ergibt sich aus der Tatsache, daß die Schriften Shakyamuni als Nachfahren des mythischen Ikshvaku oder König Zuckerrohr, des Begründers der königlichen Familie des Puru-Stammes, bezeichnen; denn in den *Vedas*, den frühesten Schriften der indo-arischen Siedler in Indien, werden die Puru als Feinde der Indo-Arier bezeichnet. Daraus schließen manche Forscher, daß – vorausgesetzt König Zuckerrohr war tatsächlich ein Vorfahre Shakyamunis und seines Volkes – diese unmöglich Angehörige der indo-arischen Rasse gewesen sein können.

Ich glaube persönlich nicht, daß es möglich ist, die rassische Abstammung Shakyamunis, der vor so vielen Jahrhunderten gelebt hat, mit Sicherheit zu bestimmen. Aber man kann nicht leugnen, daß in der buddhistischen Denkweise gewisse Eigenheiten erkennbar sind, die doch eine Nähe zu den indo-arischen Völkern und ihrer Kultur denkbar machen. Was auch immer die rassische Herkunft seines Begründers gewesen sein mag, unzweifelhaft entstand der Buddhismus im Rahmen des indo-arischen Kulturkreises.

Der historische Rahmen

Was können wir nun über die politische Situation in Indien zu jener Zeit, zu der Shakyamuni gelebt haben soll, in Erfahrung bringen? Die buddhistischen Schriften und andere Berichte sprechen von „sechzehn großen Königreichen", offensichtlich Stammesstaaten, die untereinander um die Vorherrschaft kämpften. Die wichtigsten dieser Staaten waren Magadha, Koshala, Vajji, Vatsa und Avanti. Neben diesen größeren Staaten sind auch kleinere Stämme erwähnt, wie die Baggas, Bulis, Moriyas, Mallas und die bereits genannten Koliyas und Shakyas.
Unter den angeführten „großen Königreichen" befanden sich als bedeutendste Koshala, unter König Pasenadi, und Magadha, unter König Bimbisara. Vor allem das letztgenannte profitierte von König Bimbisaras politischem Geschick und Einfallsreichtum und konnte sich Koshala und Vajji einverleiben und somit die Dynastie des Reiches

Maurya begründen. Der dritte Herrscher dieser Dynastie war der berühmte Kaiser Ashoka, dem es im dritten Jahrhundert vor Christus gelang, bis auf den südlichsten Teil des Kontinentes ganz Indien unter sich zu vereinen.
Als Shakyamuni predigte, war Maghada noch ein Neuling unter jenen, die um die Macht kämpften. Erst nach König Bimbisaras Thronbesteigung expandierte es rasch und weitete seine Macht entlang des Ganges aus, bis es einen großen Teil der Region südlich des Ganges beherrschte, die heute Bihar bildet.
Im sogenannten Zeitalter der sechzehn Königreiche scheinen die Shakyas relativ schwach gewesen zu sein. Ihre Hauptstadt Kapilavastu war, wie bereits erwähnt, kein Zentrum von großer Bedeutung oder Macht. Vermutlich waren die Shakyas von den Koshala abhängig, dem mächtigen westlichen Nachbarstaat, der einen Großteil des östlichen Teiles des heutigen Uttar Pradesh beherrschte. Darauf weist eine Stelle in den frühen Schriften hin, wo von einer Reise Shakyamunis in südlicher Richtung entlang des Ganges die Rede ist, in deren Verlauf er eine Unterredung mit König Bimbisara von Maghada hatte. Auf eine Frage des Königs antwortete Shakyamuni, er sei Mitglied eines Stammes, „der seit frühesten Zeiten von den Koshala abhängig war."
Wir können also behaupten, daß die Shakyas die Führer eines kleinen, halbautonomen Staates waren, der seine Hauptstadt in Kapilavastu hatte und vom westlich angrenzenden Königreich Koshala abhängig war. Die Meinungen der Forscher zur genauen politischen Struktur dieser kleinen Stammes-Staaten gehen ziemlich auseinander. Einige sehen in ihnen aristokratische Republiken, in denen ein Rat der Stammesältesten über die Staatspolitik befunden hätte. Zur Untermauerung dieser Ansicht wird angeführt, daß der Herrscher der Shakyas angeblich von

einer zehnköpfigen Gruppe aus deren Mitte gewählt wurde. Andere Forscher wiederum meinen, die indischen Stammes-Staaten in dieser Zeit hätten sich auf einen einzigen und machtvollen, hochzentralisierten Staat zubewegt und vermuten, daß sie zwar keine Autokratien, aber doch zumindest Oligarchien gewesen seien, in denen nur wenige Auserwählte die Macht innehatten.
Aber wie auch immer die innere politische Struktur des Shakya-Staates gewesen sein mag, es besteht kein Zweifel, daß er klein und schwach und fast unweigerlich dazu bestimmt war, von dem einen oder anderen der großen angrenzenden Königreiche annektiert zu werden. Shakyamuni war der Sohn des Herrschers dieses kleinen Stammes-Staates, dessen Aussichten nicht gerade die rosigsten waren. Auf seinen Schultern sollte eines Tages die Verantwortung ruhen, dieses Land durch sein düsteres und unsicheres Schicksal zu führen, und aus diesem guten Grund waren die Erwartungen, die man in ihn setzte, besonders groß. Seine eigene Einschätzung dieser Position und seiner Fähigkeit, diese Erwartungen zu erfüllen, hatte natürlich ihren Niederschlag auf seine spätere Entscheidung, die Stadt Kapilavastu zu verlassen, auf den Thron zu verzichten und sich einem Leben der religiösen Askese zuzuwenden.

Shakyamunis Familie

Bevor wir uns den Motiven, die Shakyamuni dazu bewogen, sein Leben als Prinz aufzugeben, zuwenden, sollten wir versuchen, durch einen Blick auf seine nächsten Fami-

lienangehörigen ein besseres Bild von seiner Person zu bekommen.
Sein Vater Shuddhodana wurde bereits erwähnt; in den frühen chinesischen Übersetzungen der buddhistischen Schriften wird er als Ching-fan-wang oder „König Reiner Reis“ erwähnt. Man wird sich natürlich fragen, wie er zu diesem eigenartigen Namen kommen konnte. In Sanskrit bedeutet es „reiner Milch-Haferschleim“ und bezieht sich auf eine Speise, für deren Zubereitung Reis in Milch gekocht und mit Bohnen und Butter ergänzt wird. Das galt damals als die größte Delikatesse überhaupt, und Shakyamunis Vater erhielt den Namen wohl, weil man von ihm als Herrscher der Shakyas annehmen konnte, daß er nur das Allerbeste speiste. Außerdem deutet der Titel darauf hin, daß die Shakyas ein vorwiegend Landwirtschaft betreibendes Volk waren. Es ist desweiteren wichtig zu erwähnen, wie das der bedeutende Buddhismus-Forscher Hajime Nakamura anführt, daß Shakyamunis Vater vor allem als „König“, und nicht, wie das bei den Herrschern der mächtigeren Staaten dieser Zeit üblich war, als „großer König“ bezeichnet wurde; auch hierin kann man einen Hinweis auf die relative Schwäche des Shakya-Stammes sehen.
Shakyamunis Mutter wird meistens als Königin Maya genannt. Die Schriften ehren sie durch den Beinamen „Große Maya“ und durch eine ganze Reihe beschreibender Nebensätze, die aber nur sehr wenig über ihre wahre Identität aussagen. Vermutlich war sie die Tochter einer einflußreichen Familie des Shakya-Stammes, und die Legende berichtet, sie sei über ihre Mutter mit dem Koliya-Stamm verwandt gewesen, der ja bekanntlich in Nachbarschaft zu den Shakyas lebte. In den frühen Schriften wird von einem Streit der beiden Stämme um Wasserrechte berichtet, und einige Forscher haben daraus geschlossen, daß

Shakyas und Koliyas an den beiden Ufern des Flusses Rohini lebten.

Wenn man der Tradition glaubt, so gebar Königin Maya ihren Sohn Shakyamuni in den Lumbini-Gärten, als sie sich auf dem Weg von Kapilavastu zu ihrer eigenen Familie befand; eine Woche darauf soll sie gestorben sein. Das Kind wurde von seiner Tante mütterlicherseits, Mahaprajapati, großgezogen.

Es gab Spekulationen, daß die Tatsache des verfrühten Ablebens seiner Mutter, von dem er später erfuhr, dem jungen Prinzen die Vergänglichkeit des Lebens vermittelt und ihn dazu geführt haben könnte, sein königliches Heim aufzugeben. Allerdings scheint es mir zweifelhaft, ob der Tod seiner Mutter ihn wirklich zu seinem religiösen Leben bewogen hat. Aber für einen jungen und emotional sehr sensiblen Menschen, wie ich mir Shakyamuni vorstelle, muß wohl der Tod irgendeines nahen Verwandten auf jeden Fall als schwerer Schlag empfunden worden sein, der ihm vermittelte, daß das Leiden ein unabdingbarer Teil des Lebens ist.

Shakyamunis früheste Jahre

Das sensible Wesen Shakyamunis wird auch durch einen Abschnitt in den Schriften bestätigt, wo er, nach seinem Eingang ins religiöse Leben und seiner Erleuchtung, auf seine frühesten Jahre zurückblickt und meint: „Wenngleich ich in Wohlstand aufwuchs, war ich von Natur aus sensibel, und ich fragte mich, warum angesichts der Tatsache, daß allen Menschen das hohe Alter, Krankheit und der Tod bestimmt sind und keiner diesen Dingen entgehen kann, trotzdem jeder mit Angst, Ekel und Verachtung auf das hohe Alter, die Krankheit und den Tod des anderen blickt. Das ist nicht richtig, dachte ich mir, und alle Freude der Jugend, der Stolz und der Mut, die ich mit meiner guten Gesundheit verspürte, verließen mich."

Was nun seine körperliche Erscheinung betrifft, so wurde ihm in späteren Zeiten nachgesagt, er sei mit „zweiunddreißig unterschiedlichen Merkmalen und achtzig körperlichen Erscheinungsformen" ausgestattet gewesen. Die zweiunddreißig Merkmale bestehen aus sehr langen Fingern, Armen bis zu den Knien, vierzig Zähnen und einigen anderen abnormen Charakteristika, die aus ihm, hätte er sie aufgewiesen, eine Art Monster gemacht hätten. Ich glaube jedenfalls nicht, daß wir solche Beschreibungen wörtlich nehmen sollten. Die zu Shakyamunis Zeit in Indien wohl weitestverbreitete Religion, der Brahmanismus, kannte ebenfalls diese Vorstellung der zweiunddreißig ungewöhnlichen Merkmale, die den idealen Herrscher, Chakravarti-raja oder „Rad-drehenden König" auszeichnen. Vermutlich haben Shakyamunis Schüler in ihrem Bestreben, ihren großen Meister zu verherrlichen und zu zeigen, wie perfekt er sei, einfach die zweiunddreißig auszeichnenden körperlichen Merkmale vom Brahmanismus entliehen und auf Buddha angewandt.

In dem oben zitierten Abschnitt, in dem sich Shakyamuni erinnert, sagt er von sich, er sei „von schlanker Statur, sehr feinfühlend und sorgfältig aufgezogen gewesen." Doch selbst wenn er möglicherweise eher dünn und hochgewachsen war, braucht man ihn sich nicht als blassen, stubengelehrten Jungen vorzustellen. Schließlich war er ein Königssohn und hatte daher jene Ausbildung über sich ergehen lassen, die ihn einmal dazu befähigen sollte, seinem Vater auf dem Thron zu folgen. Die Legende berichtet tatsächlich, daß Shuddhodana dafür sorgte, daß sein Sohn, auf dessen Schultern einmal das Schicksal des Stammes der Shakya ruhen sollte, sowohl in den zivilen wie auch in den militärischen Künsten unterrichtet wurde. Und da Shakyamuni von Natur aus ein eher introvertierter und philosophischer Junge war, bemühte sich sein Vater sicherlich besonders, ihm eine ordentliche körperliche, geistige und moralische Erziehung angedeihen zu lassen. Möglicherweise meinte Shakyamuni das, wenn er von „sorgfältig aufgezogen" sprach.

Shakyamuni berichtet auch, daß seine Leibwäsche und übrige Kleidung aus Seide gewesen sei und den ganzen Tag über ein Sonnenschirm über seinen Kopf gehalten wurde. Er hatte drei Paläste, in denen er von Hofdamen, Tänzern und Musikern verwöhnt und unterhalten wurde: einen für den Winter, einen für den Sommer und einen für die Regenzeit. Ob nun jede dieser Beschreibungen wörtlich zu nehmen ist oder nicht, sie zeigen jedenfalls, wie behütet und verschwenderisch der junge Prinz aufgezogen wurde.

Es gibt eine weitere Episode in den Schriften, die auf Shakyamunis körperliche Erscheinung hinweist. Nach seinem Eintritt ins religiöse Leben soll er den Staat Magadha bereist haben und mit König Bimbisara zusammengetroffen sein. Dieser soll von Shakyamunis aufrechter Haltung und seiner Erscheinung so beeindruckt gewesen sein, daß er ihn dafür gewinnen wollte, an die Spitze der Magadhaschen Armee zu treten. Es erübrigt sich, anzumerken, daß Shakyamuni dieses Angebot ablehnte. Wir wissen nicht, wie gut er in den militärischen Künsten ausgebildet gewesen ist, aber es ist offenkundig, daß sein Auftreten und seine Erscheinung ihn als geborenen Anführer erscheinen lassen mußten, wenn der König ihm so einen Vorschlag machte.

In seiner Jugend belastete ihn zweifellos vor allem das Schicksal seines Volkes und das Bewußtsein, daß der Shakya-Staat klein und schwach und ständig von seinen Nachbarn bedroht war. Seine Sensibilität und sein Gerechtigkeitssinn müssen ihn Tag und Nacht mit der Frage beschäftigt haben, wie seinem Volk die Sicherheit gewährleistet werden könnte. Trotz der warmen und einladenden Umwelt, in der er aufwuchs, verschrieb er sich der Meditation und Introspektion, denn er war tief besorgt über seine künftige Rolle als Herrscher. Ich glaube, der junge Shakyamuni kann am besten als Humanist und nach der Wahrheit Suchender mit scharfem Gerechtigkeitssinn beschrieben werden.

Zu den wichtigsten Ereignissen in Shakyamunis Jugendjahren zählt sicherlich seine Heirat mit Yashodhara. Manche Legenden erzählen, er hätte sie in einem Wettkampf gegen mehrere Rivalen gewonnen; unter diesen Rivalen sei sein Cousin Devadatta gewesen, und es ist tatsächlich belegt, daß nach Shakyamunis Erleuchtung und seinen darauf folgenden Reisen in andere Teile Indiens, Devadatta nach Kapilavastu kam, um Yashodhara in Abwesenheit ihres Gatten für sich zu gewinnen. Shakyamuni und sein Cousin Devadatta waren allerdings sehr unterschiedlichen Alters, und so ist an der Geschichte ihres Wettkampfes um Yashodhara wohl wenig Wahres dran.

Yashodhara selbst war eine Cousine Shakyamunis, und das ist auch so ziemlich alles, was man von ihr weiß. Das kommt zweifellos teilweise daher, daß Shakyamunis Schüler und Nachfolger sich hauptsächlich für sein Leben interessierten; schließlich hatte er sich nach seiner Erleuchtung von seiner Familie gelöst und nur mehr spärliches Interesse für seine Jugendjahre gehabt. Es mag auch

bezeichnend sein, daß Yashodhara tatsächlich keine entscheidende Rolle im Leben ihres Mannes spielte, sondern eher bescheiden und reserviert war, wie es sich für eine Inderin nobler Abstammung gehörte. Wäre sie etwa wie die Frau von Sokrates für ihre schlechte Laune bekannt gewesen, dann hätte ihr die Geschichtsschreibung sicherlich mehr Aufmerksamkeit geschenkt. Aber die Frauen großer Philosphen und Denker stehen ganz allgemein nie im Rampenlicht – da macht auch Yashodhara keine Ausnahme.
Es ist nicht sicher, in welchem Alter Shakyamuni heiratete; manchmal heißt es, er sei sechzehn gewesen, dann wieder neunzehn Jahre oder älter. Yashodhara gebar ihm ein Kind, einen Sohn namens Rahula, der später einer der zehn wichtigsten Schüler des Buddha werden sollte. In diesem Punkt sind sich alle Berichte einig, aber darüberhinaus ist nichts über Shakyamunis Eheleben bekannt. Wenn man der Theorie glauben will, daß er im Alter von sechzehn Jahren geheiratet hat, so läßt sich leicht vorstellen, daß sein Vater in Sorge um die Zukunft seines introvertierten Sohnes eine frühe Verheiratung arrangiert hatte, damit Shakyamuni sich bald niederlasse und sich auf die Thronnachfolge vorbereite.
Doch bei allem Prunk und aller Festlichkeit der Heirat, sie konnte Shakyamuni nicht seine Sorge über das Altern, die Krankheit und den Tod nehmen – wozu auch die Freuden des Ehelebens nicht imstande waren. Mittlerweile wurde Rahula geboren. Das war ein entscheidendes Ereignis, bedeutete es doch, er nun einen Erben hatte, der die Thronfolge sicherte, und daß er selbst, wenn er es wollte, frei war, auf seinen Thronanspruch zu verzichten und sich dem religiösen Leben zu widmen.

Die Große Abkehr

Wir gelangen nun zu der sogenannten Großen Abkehr, die nicht nur das Leben Shakyamunis, sondern die gesamte Geistesgeschichte der Welt verändern sollte.
Es gibt zahlreiche Theorien darüber, wie alt Shakyamuni gewesen sein mag, als er beschloß, Heim und Familie zu verlassen und ins religiöse Leben einzutreten. Manche Quellen meinen, er sei neunzehn, andere er sei neunundzwanzig Jahre alt gewesen. Wenn wir das erste annehmen, dann würde das bedeuten, daß er sich nach seiner Verehelichung mit sechzehn Jahren und der Geburt seines Sohnes sehr frühzeitig entschloß, in die Welt zu ziehen und die Erleuchtung zu suchen. Später studierte er bei zwei brahmanischen Weisen, worauf noch zurückzukommen sein wird, aber er verließ sie unbefriedigt wieder, um sich der religiösen Askese zu widmen. Er kasteite sich bis zur völligen körperlichen Ausmergelung, aber dann erkannte er, daß diese Übungen nicht zur Befreiung führen können. Schließlich ließ er sich im Wald bei Buddh Gaya am Fuße eines Heiligen Bobaumes (lat. ficus religiosa) nieder, verfiel in tiefe Meditation und erreichte so die Erleuchtung. Es wird allgemein angenommen, daß er damals dreißig Jahre alt war. Wenn wir davon ausgehen, daß er sich mit neunzehn von seiner Familie abgewendet hatte, so widmete er sich zwölf Jahre der Suche nach dem wahren Weg. In den frühesten Schriften ist zu lesen, Shak-

yamuni sei eigenen Angaben zufolge mit neunundzwanzig ins religiöse Leben eingetreten und habe sieben Jahre später, also im Alter von fünf- oder sechsunddreißig Jahren, die Erleuchtung erreicht.

Es ist schwer zu entscheiden, welche dieser beiden Theorien nun die richtige ist; ein Großteil der Forscher scheint jedenfalls der zweiten eher zu glauben. Um der Frage, welche nun glaubhafter ist, etwas näher zu kommen, ist es sinnvoll, sich nun einigen der Motive zuzuwenden, die Shakyamuni bewogen haben mögen, so einen entscheidenden Schritt zu unternehmen.

Wir erwähnten bereits früher die politische Situation im nördlichen Indien zu dieser Zeit. Der Shakya-Staat wurde ständig von seinen mächtigeren Nachbarn, insbesondere dem Staat Magadha bedroht. Wenn eine der Überlegungen, die Shakyamuni bewegten, sich vom weltlichen Leben abzuwenden, seine Hoffnungslosigkeit in bezug auf die politische Zukunft des eigenen Stammes war, dann ist es wahrscheinlicher, daß er diese Entscheidung im Alter von dreißig Jahren fällte.

Ich sage das, weil Magadha, wie schon weiter oben erwähnt, im Kampf um die politische Vorherrschaft noch ein ziemlicher Neuling war und eigentlich erst nach König Bimbisaras Thronbesteigung Bedeutung errang. Soviel feststeht, bestieg König Bimbisara den Thron von Magadha im Alter von fünfzehn Jahren. Ebenso ist überliefert, daß er fünf Jahre jünger war als Shakyamuni. Shakyamuni wäre also bereits über zwanzig gewesen, als er den raschen Machtzuwachs des Staates Magadha bemerkte und erkannte, was für eine Bedrohung das für die Überlebenschancen seines Volkes bedeutete.

Letztlich können wir also nur raten, wie alt Shakyamuni gewesen sein mag, als er ins religiöse Leben trat. Es ist daher meines Erachtens wichtiger, tiefer in die Motive einzudringen, die ihn dazu bewegten, so einen Schritt zu unternehmen; denn diese Motive sind eng mit der Art seiner Erleuchtung und dem wahren Inhalt des Buddhismus als Religion verbunden.

Die Tradition nennt die sogenannten „Vier Begegnungen" als Gründe für seinen Abschied in das religiöse Leben. Früheren Berichten zufolge war Shakyamuni die meiste Zeit an den königlichen Palast gebunden, und sein Vater schirmte ihn vor allen Erfahrungen mit dem weltlichen Elend ab. Viermal konnte er in Begleitung seines Kutschers aus dem Palast gelangen. Er verließ den Palast durch das östliche Tor für eine fröhliche Ausfahrt und stieß auf einen alten Mann; ein anderes Mal ging er durch das Südtor aus dem Palast und traf auf einen kranken Mann; als er den Palast durch das Westtor verließ, stieß er auf einen Leichnam. Schließlich benutzte er das Nordtor und beobachtete einen vorbeigehenden Mann, der ins religiöse Leben eingetreten war; tiefbewegt beschloß er, seinem Heim den Rücken zu kehren und dieselbe Lebensweise für sich zu erwählen.

So eine Anekdote mit ihrer hübschen Symmetrie ist natürlich weit von dem entfernt, was man einen objektiven historischen Bericht nennen könnte, aber immerhin ermöglicht sie, auf symbolhafte Weise darzustellen, welcher Prozeß der Entscheidung Shakyamunis, sich von der Welt abzukehren, vorangegangen ist. Außerdem lenkt sie unsere Aufmerksamkeit auf den wesentlichen Ausgangspunkt der buddhistischen Religion: die Frage des menschlichen Leidens.

Als sensibler und philosophischer Junge forschte Shakyamuni zweifellos nach dem Sinn des Lebens; angesichts seines klaren und scharfen Intellektes fand er sicherlich die Antworten zu den Fragen, die er sich gestellt hatte. Wir können nur aus seinen späteren Lehren schließen, daß ihn vor allem die Fragen der Geburt, des hohen Alters, der Krankheit und des Todes beschäftigten; Leiden also, die unvermeidbar mit dem Dasein des Menschen verknüpft sind. Die Kraft, die ihn dazu bewegte, das religiöse Leben auf sich zu nehmen und damit am Ursprung des gesamten buddhistischen Glaubens stand, war der brennende Wunsch, einen Weg zu finden, die Leiden, die mit dem menschlichen Leben so untrennbar verbunden sind, zu transzendieren.

Was ist ein Mensch? Was ist Leben? Das waren die Fragen, die Shakyamuni sich selbst stellte. Und da das menschliche Leben letztlich nur ein Teil jener geheimnisvollen Lebenskraft ist, die Augenblick für Augenblick die Welt belebt, machte er sich an die Ergründung des Wesens dieser Lebenskraft selbst. Nur weil er sich um so grundlegende Fragen des Lebens und der Existenz kümmerte, konnte der Buddhismus über die Jahrhunderte gedeihen und nur deshalb verlor er nichts von seinem Glanz und seiner Ausstrahlung.

Neben seinem Wunsch, eine Lösung für das Problem des menschlichen Leidens zu finden, soll Shakyamuni bei seiner Entscheidung für das religiöse Leben auch stark von seinem introvertierten Naturell und den schlechten sozialen und politischen Aussichten für den Stamm der Shakya geleitet gewesen sein. Aber wenn auch kein Zweifel darüber bestehen kann, daß Shakyamuni über das zu erwartende Schicksal seines Volkes sehr besorgt war, so bedeutet das noch lange nicht, daß er keinen anderen Ausweg wußte, als religiöser Asket zu werden. Schließlich war er zum Thronerben bestimmt, und so wäre es durchaus logisch gewesen, wenn er eine Armee aufgestellt und den Kräftevergleich mit seinen Nachbarn gesucht hätte. Ich würde jedoch annehmen, daß diese Möglichkeit mit seinem zutiefst humanitären Wesen unvereinbar war.

Zu Shakyamunis Zeiten träumten die indischen jungen Männer – insbesondere jene aus gutem Hause – im allgemeinen von zwei Idealen. Entweder sie wollten zum Chakravarti-raja, dem „Rad-drehenden König“ werden, einem großen Führer, der sein Königreich zur Vorherrschaft in der zeitlichen Welt führt. Oder sie wollten zum Buddha werden, einem erleuchteten Weisen, der als geistiger Lehrer seines Zeitalters wirkt. Shakyamuni, könnte man sagen, wählte sehr bewußt das zweite Ideal.

Wenngleich er im Luxus des königlichen Palastes lebte, so sah er doch, sobald er über die Palastmauern hinausblickte, die täglichen Nöte und Leiden der einfachen Männer und Frauen des Shakya-Stammes. Seine nächste Umgebung tat ihr bestes, diese unerfreulichen Anblicke vor ihm zu verbergen. Aber je mehr sie bemüht waren, ihn vor der Realität abzuschirmen, umso tiefer und klarer verspürte dieser sensible junge Mann den Auftrag in sich, dem Problem gegenüberzutreten. Die Legende der vier Ausfahrten aus dem Palast ist eine sehr anschauliche Übertragung der Art seines damaligen Empfindens und Erlebens in die symbolische Form.

Da er wußte, daß militärische Macht niemals eine dauerhafte Lösung für das Problem des menschlichen Leidens bringen kann, versuchte er gar nicht, seinem Volk mit der Waffe in der Hand zu helfen, sondern beschritt seinen Weg, auf dem er erhoffte, eines Tages die Weisheit zu erlangen. Statt ein König zu werden, der in der zeitlichen Welt mit politischer Macht umgeht, zog er es vor, ein Philosophenkönig in der metaphysischen Welt zu sein. Statt einen vergänglichen Augenblick des Ruhmes in der sich ständig verändernden Welt der politischen Macht für sein Volk zu erstreben, beschloß er, seinem Volk eine aus den ewigen Wahrheiten geschöpfte Freude zu verleihen, die ewig und unabänderlich währt.

Obwohl Shakyamuni in eindeutiger Weise den Anspruch auf den Thron zurückwies, haben seine Schüler in späteren Zeiten dennoch häufig darauf bestanden, ihm den Titel Chakravarti-raja oder idealer Monarch zu verleihen. Die Tatsache, daß so ein Titel, der ursprünglich nur einem politischen oder sozialen Führer zustand, nun einem Führer aus der geistigen Welt zugesprochen wurde, ist für manche ein Beweis dafür, daß Shakyamuni und seine Jünger gewissermaßen unter einem politischen Minderwertigkeitskomplex litten und sich auf diese Weise den Anschein weltlichen Erfolges geben wollten. Dieser Gedanke scheint mir allerdings äußerst fragwürdig. Denn im frühen Buddhismus war es durchaus üblich, Konzepte und Begriffe aus dem Brahmanismus zu übernehmen und für die eigenen Zwecke zu adaptieren. Und durch die Verwendung des Begriffes Chakravarti-raja und seine Anwendung auf den Buddha wollte man sicherlich nur die universelle Gültigkeit seiner Lehren hervorheben.

Wenn man nun Shakyamunis Entscheidung, sein Heim zu verlassen und ins religiöse Leben einzutreten, betrachtet, so muß einem bewußt sein, daß so ein Schritt im alten Indien keineswegs als Zeichen einer pessimistischen oder verzweifelten Haltung anzusehen war. Wenn heute jemand ins religiöse Leben eintritt, so meint man, er verlasse die gewöhnliche Welt zugunsten einer anderen. Im alten Indien, wo es eine lange Tradition der asketischen und spirituellen Suche gab, galt das nicht. In Shakyamunis Zeit war es durchaus nicht unüblich, daß ein Mann mit intellektuellen Neigungen sein Heim verließ und in den Wald ging, um dort nach der Wahrheit der menschlichen Existenz zu suchen. So ein Verhalten galt keineswegs als exzentrisch, sondern als durchaus normaler Teil des Lebens in dieser Welt. Das einzig besondere bei Shakyamuni war, daß er bereits sehr früh in diese Lebensphase eintrat. Ich würde meinen, daß das darauf zurückzuführen ist, daß bei ihm der Drang, die Wahrheit zu ergründen, stärker ausgeprägt war, als bei anderen Männern. Er fügte sich nicht in erster Linie dem Brauch seiner Zeit, sondern gehorchte den Kräften seines innersten Wesens.

Das asketische Leben wurde, wie gesagt, als ein Weg angesehen, durch den man philosophische Betrachtungen und die Suche nach den grundlegenden Wahrheiten der menschlichen Existenz verwirklichen könnte. Wenn jemand sich für dieses Leben entschied, so bedeutete das natürlich, daß er sich aus dem normalen Gefüge der Gesellschaft und Kultur ausschloß und gewissermaßen ihre Werte verwarf. Aber er tat dies im Interesse der geistigen Vertiefung, um dadurch neue Ideale und Werte zu entdecken; dann ging er wieder zurück in die Gesellschaft, um die Menschen vom Standpunkt einer neuen und höheren Dimension aus zu lehren und zu führen.

Das ist der Grund, warum der von Shakyamuni begründete Buddhismus unantastbar blieb und von keiner Gesellschaft und keinem Zeitalter jemals unterworfen oder verändert werden konnte. Der Buddhismus war sich immer der Notwendigkeit bewußt, mittels eines einzigen philosophischen Ansatzes, eine fundamentale Lösung für die Probleme der jeweiligen Gesellschaft und Zeit zu suchen.

Die asketische indische Gesellschaft

Bevor wir in der Betrachtung von Shakyamunis Leben fortfahren, wird es sinnvoll sein, die Rolle zu beleuchten, die der Asketismus im Leben des alten Indien spielte; das wird uns einen Eindruck von dem geistigen Klima vermitteln, das zu Shakyamunis Zeit bestand. Man wird sich fragen, wann und unter welchen Umständen in Indien der Brauch aufkam, die eigene Familie zu verlassen und sich der religiösen Askese zu verschreiben. Der große Dichter und Philosoph Rabindranath Tagore sagte einmal: „Die griechische Zivilisation war aus Lehmziegeln gebaut, aber die indische Zivilisation wurde im Wald geboren." Ich frage mich, ob der Asketismus in Indien seinen Ursprung nicht in der Faszination hatte, die der Wald auf den Inder ausübt, und in der Gewohnheit, sich in den Wald zurückzuziehen, um zu meditieren und das eigene Wissen und Verständnis zu vervollständigen. Diese Gewohnheit war lange Zeit Teil der indischen Tradition, und noch heute gibt es im Becken des Ganges dichte Wälder, in denen zurückgezogene Menschen eine Art Gemeinschaftsleben führen und sich vollkommen der Suche nach tieferem philosophischem Verständnis verschreiben. Man könnte also vielleicht tatsächlich mit Tagore sagen, daß die indische Zivilisation und Philosophie im Wald geboren wurden.

In der frühen indischen Geschichte gibt es eine Periode, die als Zeit der Aranyakas oder „Wald-Abhandlungen" bekannt ist. Sie lag knapp vor der sogenannten Upanishad-Periode, also rund dreihundet Jahre vor der Zeit Shakyamunis. Nach den Schriften zu schließen, die dieser Periode ihren Namen gaben, dürfte dieser Brauch, sich zur Meditation in die Wälder zurückzuziehen, zumindest auf diese Zeit zurückgehen, was etwa dem achten oder neunten Jahrhundert vor Christus entspräche.

Zu Shakyamunis Zeit war es für Mitglieder der obersten Klasse regelrecht zum Brauch geworden, sich für eine Periode der Meditation und Wahrheitssuche in den Wald zurückzuziehen. Es scheint, daß die Mitglieder der obersten, vorwiegend brahmanischen Klasse, sich ihr Leben in vier Perioden einteilten: (1) die Periode der *brahmacharin* oder Studentenschaft; (2) die Periode des *grihastha* oder Familienlebens; (3) die Periode des *vanaprastha* oder Lebens im Walde; (4) die Periode des *sannyasin* oder der Abgeschlossenheit und Wanderschaft. Die erste Periode, jene der Studentenschaft, begann im Alter von sieben oder acht Jahren und dauerte rund zwölf Jahre, während derer man von Lehrern in der Doktrin und den Gebräuchen des Brahmanismus unterrichtet wurde. Nach Abschluß dieser Studien kehrte man zu seiner Familie zurück, heiratete und trat in die zweite Phase ein. Diese längste der vier Phasen dauerte rund dreißig Jahre, vom zwanzigsten bis ins fünfzigste Lebensjahr; in dieser Zeit opferte man seinen Vorahnen und vollführte andere rituelle Pflichten, zog die Familie auf und nahm als Familienoberhaupt eine aktive Rolle in der Gesellschaft ein. Wenn man seine Pflichten als Familienoberhaupt erfüllt und einen Erben großgezogen hatte, der die Rolle übernehmen konnte, war man frei, in den Wald zu gehen, in Ruhe die fünfzig Jahre seines Lebens zu überdenken, zu versuchen, das Leben der umgebenden natürlichen Welt zu teilen und die volle philosophische Reife zu erlangen. War diese Periode der Askese und der religiösen Praktiken vollbracht, so trat man aus dem Wald wieder hervor und verbrachte die letzte Lebensperiode damit, ohne Geld und auf die Almosen der Umwelt angewiesen, herumzuwandern.

Wie wir sehen werden, ist das ein sehr religiös und philosophisch orientierter Lebensverlauf. In der modernen Welt könnte man sagen, daß die erste Phase der formalen Erziehung entspricht und die zweite Phase jenen Jahren, die man seinem Beruf oder Geschäft widmet. Aber es gibt keine genaue Entsprechung für die dritte und vierte Periode der Zurückgezogenheit und der Reflexion über den Sinn des Lebens.

Natürlich lebten die alten Brahmanen in einer Gesellschaft, die viel weniger komplex war als unsere heutige, und in der sie auch zeitlich viel weniger beansprucht waren. Als Repräsentanten der höchsten gesellschaftlichen Klasse hatten sie ja sogar Sklaven, die für sie arbeiteten und die wirtschaftlichen Grundlagen für ihr Leben schufen, wodurch sie selbst sich anderen Belangen widmen konnten. Aber welche Umstände auch immer dazu notwendig waren, die Tatsache, daß die frühen Brahmanen so einen vierphasigen Lebenslauf wählten, zeigt, wie tief der Brauch der philosophischen Meditation im indischen Leben verwurzelt war und was für eine große Bedeutung die Inder Fragen der Religion und der Philosophie beimaßen. Es erübrigt sich, zu erwähnen, daß es für jedes Volk jeden Zeitalters bewundernswert ist, wenn seine Menschen die wenigen Jahre, die ihnen in dieser Welt gegeben sind, dafür aufwenden, die Grundlagen der menschlichen Existenz zu erforschen, um auf der Basis dessen, was sich daraus schließen läßt, eine eigenständige persönliche Philosophie zu formulieren. Nicht nur in Indien, auch im alten China kann man dieses Bedürfnis feststellen, die Perioden eines menschlichen Lebens in Zusammenhang mit tieferem Verständnis von der Bedeutung und dem Zugang zum Leben zu bringen; das drückt sich etwa in dem berühmten Ausspruch von Konfuzius aus: „Mit dreißig war ich selbständig, mit vierzig war ich frei von Zweifeln, mit fünfzig begriff ich den Willen des Himmels." Während also die Menschen der Antike offensichtlich diesen Sinn für ein Fortschreiten und ein entschlossenes Forschen in ihrem Leben hatten, scheinen die Menschen unserer Zeit von schwindelerregenden Wellen der Veränderung hin- und hergetrieben zu sein, von einer Sintflut an Wissen und Information überschwemmt und somit völlig machtlos, diese zu verstehen oder zu kontrollieren.

Aber, um von diesen grüblerischen Betrachtungen wieder zum alten Indien zurückzukehren, ich glaube nicht, daß man mit Sicherheit sagen kann, wann dieses Vier-Phasen-Konzept in der brahmanischen Klasse aufkam. Es scheint jedenfalls, wie gesagt, in der Aranyaka-Periode bereits bestanden zu haben.

Wenn wir also Shakyamunis Leben anhand dieser klassischen vier Phasen betrachten, dann können wir feststellen, daß er nicht erst in der dritten, sondern bereits in der zweiten Phase seines Lebens – und sogar recht früh in dieser Periode – seine Familie verließ und ins religiöse Leben eintrat. Es wurde häufig behauptet, daß er, als er sein Heim verließ, hauptsächlich die Gebräuche seiner Klasse und seiner Zeit befolgte. Tatsächlich aber, das haben wir gesehen, verließ er sein Heim in wesentlich jüngeren Jahren, als das üblich war, woraus man ersehen kann, wie drängend sein Wunsch gewesen sein muß, die Wahrheit zu ergründen. Sein Eintritt ins religiöse Leben war von weitaus tieferen Beweggründen getragen, als von der Sorge um die Befolgung der Konventionen.

Der Aufbruch und die Wanderungen

Die Schriften enthalten zahlreiche Legenden dramatischen Charakters über Shakyamunis tatsächliche Abreise vom Palast. Wenn wir jene, die offenkundig erfunden sind, einmal beiseite lassen, so bleibt bestehen, daß Shakyamuni, als er den Entschluß einmal gefaßt hatte, seinen Vater einweihte. Das kann man annehmen, denn schließlich hatte sich Shakyamunis Vater größte Sorgen über dessen Sensibilität und stark introvertierte Veranlagung gemacht und besondere Mühen für dessen Erziehung auf sich genommen. Und wenn wir den Berichten in den Schriften Glauben schenken, dann hatte sein Vater bereits Vorahnungen, was für ein Leben seinen Sohn erwartete. Ich erwähne das, weil berichtet wird, daß Shakyamunis Vater nach dessen Geburt in den Lumbini-Gärten und nachdem das Kind in den Palast in Kapilavastu gebracht worden war, den renommierten Wahrsager Asita nach der Zukunft seines Kindes befragte. Nachdem Asita die Merkmale des Neugeborenen untersucht hatte, meinte er: „Er hat Zeichen, die andeuten, daß er ein universeller Monarch sein wird, der die ganze Welt beherrscht, oder aber, daß er ein Buddha sein, auf das Familienleben verzichten und der Welt die Erlösung bringen wird. Aber, da er Zeichen für beide Möglichkeiten aufweist, glaube ich mit Sicherheit, daß dieser Prinz ein Buddha werden wird!"

Man ist geneigt, diese Legende als ein weiteres Ergebnis des Prozesses der Vergöttlichung anzusehen, der nach Shakyamunis Erleuchtung einsetzte. Andererseits war der Einsatz von Wahrsagerei, Astrologie und anderer Methoden der Weissagung zu Shakyamunis Zeiten recht gebräuchlich, und so ist an Shuddhodanas Konsultation eines Wahrsagers für die Zukunft seines Sohnes nichts Außergewöhnliches. Und was den Inhalt von Asitas Prophezeiung betrifft, so sollte man ihn als Tribut an eine möglicherweise undefinierbare Qualität des minderjährigen Shakyamuni betrachten, die ihn von gewöhnlichen Menschen unterschied.

Eine Prophezeiung dieser Art wird ja aus dem Leben zahlreicher bedeutender, historischer Persönlichkeiten berichtet: Sie hätten, so erzählt man, bereits in ihrer Kindheit Anmut des Ausdrucks, furchtloses Auftreten oder gewinnende Freundlichkeit besessen, die eine außergewöhnliche Zukunft versprachen. Auch von Shakyamuni wird berichtet, er habe glänzende Merkmale besessen, die seine Umgebung um ihn herum bannten „wie der Mond", und Gliedmaßen, die „wie wertvolles Gold" strahlten. Solche Beschreibungen sind möglicherweise nichts weiter, als die Erfindung eifriger Schüler aus späteren Jahren, wenn es auch durchaus glaubhaft ist, daß der Seher Asita etwas Einnehmendes und Ungewöhnliches an den Merkmalen des kindlichen Shakyamuni erkannt hatte. Die Vorhersage des Wahrsagers über den künftigen Buddha mögen auch Shuddhodanas Sorgen um seinen schwermütigen Sohn ein wenig entschärft haben.

Shakyamuni war sich zweifellos der Ängste seines Vaters völlig bewußt. Deshalb unterrichtete er diesen umgehend, als er schließlich zu seinem Entschluß gekommen war. Und obwohl diese Neuigkeiten für ihn nicht völlig unerwartet gekommen sein können, war Shuddhodana von der Ernsthaftigkeit des Entschlusses seinen Sohnes betroffen, weshalb er auch versuchte, ihn davon wieder abzubringen.

Als letzten Ausweg soll er sogar zu gewaltsamen Mitteln gegriffen haben, um seinen Sohn am Verlassen der Stadt zu hindern. Die Legende zeichnet ein äußerst berührendes und dramatisches Bild von Shakyamunis Weggang vom Palast und der Art, wie es ihm gelang, aus der Stadt zu entkommen – aber wir sollten hier nicht ins Detail gehen. Es genügt zu berichten, daß ihm eines Nachts auf dem Rücken seiner geliebten Stute Kanthaka und in Begleitung seines Dieners Chandaka die Flucht aus der Stadt Kapilavastu gelang.

Zuerst gelangte er ins Gebiet der Koliyas, von dem aus er südwärts über den Fluß Anouma weiterreiste. Dann schnitt er sich das Haar, entblöste sich allen Schmucks und aller Zierden und gab diese seinem Diener Chandaka, den er nach Kapilavastu mit der Botschaft zurücksandte, er würde erst in die Stadt zurückkehren, wenn er die Aufgabe erfüllt habe, für die er ins religiöse Leben eingetreten sei, und er die Erleuchtung erreicht habe. Von diesem Tag an reiste er allein, im Gewand eines religiösen Bettlers, durch die Staaten Malla und Vajji in Richtung Magadha. Die Entfernung zwischen Kapilavastu und Rajagaha, der Hauptstadt Magadhas, betrug rund sechshundert Kilometer. Es wird berichtet, daß damals reger Handelsverkehr zwischen den Städten bestand, und es ist daher anzunehmen, daß er entlang dieser Handelsroute reiste. Aus seinen späteren Jahren, nach seiner Erleuchtung, wissen wir, daß er häufig für seine Bekehrungsreisen Handelskarawanen benutzte.

Doch bevor wir zu seiner Zeit in Magadha übergehen, sollten wir noch einmal zu zwei oben erwähnten Punkten zurückkehren. Der erste war, daß Shakyamuni sein Haar schnitt, als er ins religiöse Leben eintrat. Einige Forscher meinen, die Tonsurierung sei bereits vor Shakyamunis Zeiten bei einigen brahmanischen Asketen gebräuchlich gewesen. Nach Shakyamunis Zeit jedenfalls galt sie als typisches Merkmal der Mitglieder des Buddhistischen Ordens, und es gibt sogar Berichte, wonach diese als *munda*, was soviel bedeutet wie „der Tonsurierte", bezeichnet wurden. Wenn Asketen oder andere religiöse Gruppen aus der Zeit vor Shakyamuni die Tonsur überhaupt trugen, so ist damit nicht gesagt, daß sie das auf dieselbe Art taten wie die Buddhisten. Wie man Benennungen entnehmen kann, waren die Brahmanen dafür bekannt, daß sie ihr Haar hinaufgebunden oder geflochten trugen, während die Anhänger des Jainismus im Zuge einer asketischen Übung ihre Haupt- und Barthaare einzeln ausrissen. Ich denke, man sollte daraus schließen, daß die Tonsur, wenn sie auch schon früher gebräuchlich gewesen sein mag, nach Shakyamuni und seinen Jüngern zu einem besonderen Merkmal der Buddhisten wurde.

Der zweite Punkt, auf den man noch eingehen sollte, ist, daß Shakyamuni die Kleidung eines religiösen Bettlers annahm. In Shakyamunis Zeit waren das Betteln und die Almosenbettelei eine weitverbreitete und hochangesehene Lebens- und Verhaltensform für jene, die die Heimatlosigkeit gewählt hatten. Diese Praxis geht vermutlich einige Jahrhunderte vor Shakyamunis Zeit zurück und könnte ebenso alt sein, wie die asketische Lebensform überhaupt. Ein Mensch, der sich dem asketischen Leben verschrieben hat und seine religiöse Übung vervollständigt, wird *bhikkhu* genannt, was in Pali soviel bedeutet wie „einer, der um Essen bettelt". Im alten Indien waren Menschen, die ihre religiöse Ausbildung vervollständigt hatten und bettelnd umherzogen, sehr angesehen, und gewöhnliche Leute waren froh, ihnen Essen geben zu können. Das kam daher, daß man glaubte, dadurch eine Menge Karma bzw. Anstöße mit positiven Auswirkungen für sich selbst erwerben zu können. Die Bettler selbst aber waren keineswegs unterwürfig oder kriecherisch, trugen auch nicht, wie man vielleicht meinen könnte, abgerissene Gewänder, sondern zogen mit dem Ausdruck höchster Würde und in reinen Gewändern durch die Straßen. Hatten sie eine Gabe erhalten, so machten sie sich sofort und ohne sich beim Almosengeber zu bedanken, aus dem Staub; wurde ihre Anwesenheit am Haustor von den Mitgliedern einer Familie nicht bemerkt, so rüttelten sie so lange an den Metallringen, die an den Dauben befestigt waren, bis man auf sie aufmerksam wurde. Dieses Verhalten spiegelt die

Bedeutung wider, die dem Betteln als religiöse Tätigkeit zugemessen wurde. Andererseits hatte der Bettler, der Speisen geschenkt bekommen hatte, diese mit größter Dankbarkeit zu essen, wie einfach oder selbst schlecht diese auch sein mochten.

Ich frage mich, ob dadurch das Betteln und die damit verbundene Verpflichtung zu essen, was auch immer einem gegeben wurde, nicht eine Art von Protest gegen die Tabus der indischen Gesellschaft darstellten. Mit Tabus meine ich die starren Regeln, die das Klassen- und Kastensystem beherrschten, durch das alle Menschen des Landes auf vier Gruppen aufgeteilt wurden: die brahmanische- oder Priesterklasse, die Kshatriya- oder Kriegerklasse, die Vaishyas, die Händler und Grundbesitzer waren, und die Shudras, Bauern oder Leibeigene der einheimischen Bevölkerung. Zusätzlich zu dieser primären Klassenaufteilung bildeten sich mit der Zeit zahllose Kastenunterteilungen. Mitglieder unterschiedlicher Kasten durften einander nicht heiraten, nicht miteinander essen oder sich zusammenschließen, man durfte sogar Speisen, die von einem Angehörigen einer anderen Kaste zubereitet worden waren, nicht essen. Diese starren Regeln wurden vor allem von den Mitgliedern der höheren Kasten peinlichst genau beachtet; sie wären eher Hungers gestorben, als Speisen aus den Händen eines Mitglieds einer niederen Kaste anzurühren und sich damit zu beschmutzen. In diesem streng unterteilten alten Indien stellte die Rolle des religiösen Bettlers, der von Dorf zu Dorf wandernd aß, was immer ihm gegeben wurde, sicherlich eine Anormalität dar.

Wie bereits erwähnt, war ein *bhikkhu* oder Bettler ursprünglich jemand, der die Phase seiner asketischen Ausbildung abgeschlossen hatte und in der Bevölkerung daher großes Ansehen genoß. Dieses Konzept wandelte sich mit den Jahren bis zu Shakyamunis Zeit, als bereits Asketen auftauchten, die das Betteln als eigene Form der religiösen Praxis ansahen. In dieser neuen Gruppe asketischer Bettler befanden sich auch Denker, die es ablehnten, die starren Regeln des traditionellen brahmanischen Gesellschaftssystems anzuerkennen, und die versuchten, die alte Ordnung zu überwinden. Sie konnten das noch am ehesten versuchen, weil traditionell Männer, die sich der Askese verschrieben hatten, in Indien größtes Ansehen genossen.

Ich habe bereits die beiden idealen Menschentypen des alten Indien erwähnt, den Weltherrscher und den Weisen oder Erleuchteten. Der asketische Bettler galt als jemand, der die Praktiken, die zur Erleuchtung führen, bereits vollbracht hatte oder doch zumindest auf diesem Weg bereits sehr fortgeschritten war. Sah man sich nun so einer Verkörperung des Ideals gegenüber, so war man natürlich voll der Erwartung und Ehrfurcht, und, während man ihm glücklich Speisen schenkte, voll der Hoffnung, das eigene Karma möge von dieser Begegnung profitieren. Daß die Ehrfurcht vor den Männern der Religion im alten Indien tief verwurzelt war, kann man auch daran erkennen, daß die höchste der vier Klassen jene der Brahmanen, der Priester, war. Wenn man nun einem wahren Mann der Religion begegnete, so meinte man, daß alle Kasten- und Klassenunterscheidungen dadurch aufgehoben seien, daß man ihm seine Gaben von ganzem Herzen darbot.

Der Aufstieg einer neuen Kultur

Shakyamuni reiste, wie gesagt, südwärts, der Staat Magadha war sein Ziel. Es gab zahlreiche Vermutungen darüber, warum er eher diesen als irgendeinen anderen Staat dieser Zeit auswählte. Die mächtigsten Staaten dieser Zeit waren Magadha und Koshala. Aber wie bereits erwähnt grenzte letzterer an den Geburtsstaat Shakyamunis und beherrschte diesen politisch. Wäre er nach Koshala gegangen und man hätte dort entdeckt, daß er, der Prinz eines unabhängigen Staates, ins religiöse Leben eingetreten war, so wäre das sicherlich nicht ohne Auswirkungen geblieben, und vermutlich hätte man ihn sogar nach Kapilavastu, von wo er unter so großen Schwierigkeiten entkommen war, zurückgeschickt. Vermutlich hatte auch Shakyamuni diese Überlegungen im Kopf, als er beschloß, nach Magadha zu gehen, wo die Gefahr, zwangsweise zurückgeschickt zu werden, geringer war.

Aber neben diesen persönlichen Beweggründen mag Shakyamuni Magadha auch gewählt haben, weil er es als das Zentrum einer aufkommenden neuen Kultur erkannte. Die indische Gesellschaft machte damals einen radikalen Wandel durch. Die Mitglieder der brahmanischen Klasse, die bis dahin als nahezu göttliche Wesen angesehen worden waren, begannen, ihre Autorität zu verlieren, und die traditionelle Ordnung der Gesellschaft, der sie vorgestanden waren, wandelte sich nunmehr unmerklich. Teilweise waren Korruption und Degeneration unter den Brahmanen selbst dafür verantwortlich, aber dieser Prozeß wurde durch umwälzende gesellschaftliche Veränderungen begleitet und beschleunigt, als die arischen Eroberer, die einige Jahrhunderte zuvor vom Nordwesten aus Indien überrollt hatten, begannen, ihre Macht auch nach Osten und Süden auszudehnen. Mit dem Anwachsen des Handels gelangten auch reiche Kaufleute der Klasse der Vaishja zu großer Macht und konnten es mit der Autorität der Brahmanen aufnehmen. Mit der territorialen Expansion der Arier gewannen aber auch die Mitglieder die Kshatriya-Klasse an Macht: Denn sie waren es, die die Kämpfe ausfochten und nunmehr als politische Führer neugebildeter Staaten auftraten, was ihnen mitunter mehr Macht und Autorität sicherte als ihren formalen Vorgesetzten, den brahmanischen Priestern.

Zu Shakyamunis Zeit und kurz davor traten die Mitglieder der Kshatriya-Klasse nicht mehr nur auf der Ebene der gesellschaftlichen Macht und Vorherrschaft in den Wettstreit, sondern auch in der Philosophie und der Religion. Die Upanishads, religiöse Schriften, die etwas später als die bereits erwähnten Aranyakas verfaßt wurden, geben einige Hinweise auf diesen Wettstreit, in den nun die Kshatriyas mit der Autorität der Brahmanen traten. In einem der Upanishads etwa wird von einem König berichtet, der einen offenen Disput mit einem Brahmanen führte und ihm Trugschlüsse in den brahmanischen Doktrinen nachwies. In dem Bericht heißt es, der brahmanische Weise hätte seine Niederlage eingestanden und den König im Ausgleich dafür gebeten, sein Lehrer zu werden. Solche Anekdoten belegen, daß die Kshatriyas auf bestem Wege waren, die Brahmanen sowohl gesellschaftlich als auch intellektuell zu überflügeln. Man kann sogar sagen, daß die gesamte Philosophie, auf der die Upanishads beruhen, mit ihrer Skepsis und dem pausenlosen Infragestellen bereits akzeptierter Grundsätze kennzeichnend für die Haltung dieser zur gesellschaftlichen Macht strebenden Gruppe waren.

Die neuen Führer der Klasse der Kshatriya gingen gemeinsam mit der neuen Klasse der reichen Kaufleute, der *shresh-*

thin, von der Gliederung der alten brahmanischen Stammes-Gesellschaft aus und versuchten, eine neue gesellschaftliche Struktur mit einem König an ihrer Spitze zu schaffen. Zu Shakyamunis Zeiten waren diese raschen gesellschaftlichen Veränderungen in vollem Gange, und das Zentrum dieser neuen Gesellschaft und Kultur, die nun aufkam, war eben der Staat Magadha.
Die Geschichte zeigt, daß die größten und epochemachenden Philosophen, Denker und Revolutionäre sich immer zuerst die Kulturen und Ideologien ihrer Zeit aneigneten und erst dann beginnen konnten, diese zu transzendieren und ihr eigenes und eigenständiges philosophisches System zu errichten. Shakyamuni entschloß sich zweifellos dazu, nach Magadha zu gehen, um sich mit der neuen Kultur und den neuen Gedanken, die von dort ausströmten, auseinandersetzen zu können. Es ist diesbezüglich auch wichtig, anzuführen, daß er in Magadha auch der religiösen Askese nachging, die Erleuchtung erreichte und erstmals die buddhistische Religion zu predigen begann. Unter den ersten, die zum Buddhismus übertraten, waren dann auch König Bimbisara von Magadha und zahlreiche der *shreshthin* oder reichen Kaufleute dieses Staates. Aber auch König Pasenadi von Koshala achtete Shakyamuni und unterstützte seine religiöse Tätigkeit. Es scheint, daß der Buddhismus imstande war, die Tendenzen und Denkweisen der neuen Kultur und Gesellschaft widerzuspiegeln und aufzunehmen, und daher schon bald die am besten damit verbundene Religion wurde.
Das bedeutet selbstverständlich nicht, daß sich der Buddhismus nur an Kaufleute und Mitglieder der herrschenden Klasse wandte. Er war von Beginn an eine Religion, die alle Klassen- und Kastenunterschiede verwarf und alle Menschen gleich achtete, ohne Ansehen der gesellschaftlichen Position.

Die Unterstützung, die die reichen Kaufleute dem buddhistischen Orden zukommen ließen, wird in den Schriften häufig erwähnt. Einer von ihnen vermachte ihm das Bambus-Hain-Kloster in Rajagaha, ein anderer ein Kloster in der Stadt Savatthi in Koshala. Der berühmteste unter diesen wohlhabenden Kaufleuten, die Shakyamuni und seine Nachfolger aktiv unterstützten, war Sudatta, der den Ruf des reichsten Mannes von Koshala hatte. Wegen der großzügigen Art, in der er seinen Reichtum mit den Armen teilte, war er unter dem Naman Anathapindada oder „Unterstützer der Bedürftigen" bekannt.

Ich möchte nun diese neue Kultur, die in Magadha und Koshala entstand, etwas näher beleuchten. Eines ihrer wichtigsten und deutlichsten Kennzeichen war das Aufkommen von Denkern, die die vedische Tradition und die Autorität der alten brahmanischen Gesellschaftsordnung offen ablehnten. Ihr Aufkommen ist sehr wesentlich, zeigt es doch, wie radikal der Wandel war, der die Gesellschaft nun erfaßte, in der es einige wagten, sich völlig von den Doktrinen des Brahmanismus freizumachen.

Diese Männer wurden *shramana* genannt. Dieses Wort, das „einer, der religiöse Askese praktiziert" bedeutet, wurde ursprünglich auf alle Asketen angewandt, also auf Menschen, die innerhalb der oben beschriebenen traditionellen vier Lebensphasen die dritte erreicht hatten und nun zur Askese und zur Meditation in den Wald gegangen waren. Zu Shakyamunis Zeit wurde dieses Wort jedenfalls nur mehr auf jene Asketen angewandt, die sich weigerten, den Brahmanismus und die von ihm vertretene Gesellschaftsform anzuerkennen.

Magadha scheint gewissermaßen ein Sammelbecken für diese *shramanas* gewesen zu sein. Später wurde Shakyamuni auch Gautama Shramana genannt, weil man der Auffassung war, er hätte dieser Denkergruppe angehört.

Aber wenn er auch ursprünglich sicherlich diese neue Denkschule kennenzulernen suchte, so war doch seine Erleuchtung weit davon entfernt und völlig anderen Dimensionen angehörend, als alles, was die anderen *shramanas* dieser Zeit träumten.

Die sechs nicht-buddhistischen Lehrer

Wir sollten uns nun einigen der von diesen neuen Denkern aus Shakyamunis Zeit gelehrten Doktrinen zuwenden. Das ist nicht so leicht, denn diese Denker waren weit davon entfernt, eine gemeinsame Lehre zu vertreten, sondern brachten eine große Menge unterschiedlicher Ideen auf. Die buddhistischen Schriften erwähnen immerhin sechs Männer unter den führenden Denkern der *shramanas.* Sie sind als die sechs ketzerischen oder nicht-buddhistischen Lehrer bekannt und hießen Makkhali Gosala, Purana Kassapa, Ajita Kesakambala, Pakudha Kaccayana, Sanjaya Velatthiputta und Nigantha Nataputta.

Der berühmteste unter ihnen war Nigantha Nataputta, der die als Jainismus bekannte Religion begründete. Er gehörte der Klasse der Kshatriya an, war ein Kind des noblen und angesehenen Stammens der Licchavi, hatte aber seine Familie bereits früh verlassen und das Leben eines Asketen gewählt. Er strebte durch strengste Disziplin und die völlige Unterdrückung aller Gelüste nach der Befreiung. Wir werden auf die strengen Kasteiungspraktiken der Asketen dieser Zeit noch näher eingehen, wenn wir zu den Diskussionen über Shakyamunis eigenen Asketismus gelangen. Ich möchte an dieser Stelle nur noch anfügen, daß das strengste Verbot des Jainismus jenes der Tötung von Leben war. Diese Vorschrift wurde extrem streng ausgelegt, was dazu führte, daß jeder besondere Vorkehrungen treffen mußte, um auch nicht das kleinste Insekt zu töten. Die Vorschrift gegen das Töten von Leben und andere Gebote der Jains haben starke Ähnlichkeit mit den Fünf Geboten des Buddhismus. Aber der Geist des Buddhismus verwirft den extremen Asketismus, wie ihn Nigantha Nataputta und seine Anhänger vertraten. Shakyamuni selbst praktizierte eine Zeitlang solch strenge Askese, aber als er bemerkte, daß diese vorwiegend körperlichen Schmerz, aber nicht die Erleuchtung zur Folge hat, verwarf er diesen Weg.

Ajita Kesakambala, der dritte unter den sechs nicht-buddhistischen Lehrern, dürfte ebenfalls ein Denker mit großem Anhang gewesen sein. Von der Behauptung ausgehend, daß alles im Universum aus den vier Grundelementen Erde, Wasser, Feuer und Wind erschaffen ist, lehrte er einen absoluten Materialismus. Wenn die ganze Welt nur aus Materie geschaffen ist, dann bleibt vom Menschen nach dem Tod seines Körpers nichts übrig – woraus sich ergibt, daß es keine Konsequenzen hat, ob er in seinem Leben Gutes oder Schlechtes tut.

Die Popularität solch amoralischer Doktrinen spiegelt das intellektuelle Klima dieser Zeit wider. Die religiösen Lehren des Brahmanismus, die bis dahin als heilig und unantastbar gegolten hatten, waren plötzlich Diskussionen unterworfen, ja, teilweise sogar offen angezweifelt worden und das brachte es natürlich auch mit sich, daß die moralischen Grundsätze des Brahmanismus in Frage gestellt wurden. Diese negativistische Haltung gegenüber den traditionellen moralischen Grundsätzen ist ein gemeinsamer Zug aller sechs nicht-buddhistischen Lehrer. In gewisser

Weise stellte diese Art des Denkens ja einen großen Schritt vorwärts dar, war es doch ein Versuch, die Menschen von ihrer Furcht vor dem Zorn der Götter und den unbarmherzigen Bestimmungen des gesellschaftlichen Systems zu erlösen. Andererseits kann man nicht bestreiten, daß solche Philosophien eine Tendenz aufwiesen, zum Nihilismus oder zur moralischen Dekadenz zu degenerieren. Diesbezüglich unterschied sich Shakyamuni, wenngleich er ebenfalls Shramana genannt wurde, deutlich von diesen Denkern, denn in seinen Lehren ist dieses asoziale Element nicht enthalten.

Sanjaya Velatthiputta, der fünfte der sechs nicht-buddhistischen Lehrer, war für seinen Nihilismus und seinen Skeptizismus bekannt. Er stellte die Doktrin der Immoralität des *atman*, des Selbst, wie sie in den Upanishads erläutert ist, aber auch das ewige Prinzip Brahmans in Frage und behauptete, daß es ewige und unveränderliche Prinzipien nicht gäbe.

Unter Sanjaya Velatthiputtas bedeutendsten Schülern befanden sich zwei Männer, Shariputra und Maudgalyayana, die, mit dem Nihilismus und dem Negativismus der Doktrinen ihres Lehrers nicht mehr zufrieden, einen Schüler Shakyamunis trafen und von dessen reinem und heiligem Auftreten so beeindruckt waren, daß sie beschlossen, Buddhisten zu werden. Als sie Sanjaya verließen und zu den Schülern Shakyamunis überliefen, sollen ihnen rund zweihundertfünfzig weitere Jünger des Sanjaya Vellatthiputta gefolgt sein. Shariputra und Maudgalyayana aber wurden so bedeutend, daß sie zu den zehn großen Schülern des Buddha gezählt werden. Sanjaya hingegen soll über den Verlust dieser zwei vielversprechenden Jünger so unglücklich gewesen sein, daß er Blut spuckte. Wenn er ein wahrer Skeptiker war, so muß ihn dieses Ereignis in seinen Überzeugungen bestärkt haben.

Auch Makkhali Gosala, der erste der sechs nicht-buddhistischen Lehrer, stellte die traditionellen moralischen Werte in Frage und setzte ihnen extremen Fatalismus entgegen. Da seiner Meinung nach alles in der Welt nach den unvermeidlichen Gesetzen des Karmas oder der Kausalität aufkommt und vergeht, kann kein noch so großes emotionales Bemühen und keine Art der religiösen Askese irgendeinen Einfluß auf den vorbestimmten Lauf der Ereignisse haben. Er empfahl seinen Jüngern daher, die Doktrin der Samsara oder Seelenwanderung anzunehmen, wie sie in den Upanishads ausgeführt ist, da es dafür keinerlei Alternative gäbe. Er vertrat wohl den Prototyp einer philosophischen Haltung der totalen Resignation, wie man sie heute in die Worte *che sará sará*, „was sein wird, wird sein", faßt.

Purana Kassapa, der zweite der sechs nicht-buddhistischen Denker, stand in direktem Gegensatz zu Makkhali Gosala. Er bestritt die Existenz irgendeines Karmas oder Gesetzes und vertrat die Auffassung, daß alle Phänomene ohne jegliche Bedeutung seien. Diese nihilistische Auffassung führte ihn schließlich dazu, die gesellschaftliche Natur des Menschen zu bestreiten, sämtliche Konzepte von Moralität und die Rolle des Menschen in der Gesellschaft zu verwerfen.

Im Kreise dieser nihilistischen Doktrinen stellten die Lehren des vierten der sechs Lehrer, Pakudha Kaccayanas, eine Ausnahme dar. Zu den vier Grundelementen Ajita Kesakambalas, nämlich Erde, Wasser, Feuer und Wind, kamen bei ihm noch geistige Elemente wie Leiden, Freude und die Seele, und er vertrat auch die Doktrin der Unsterblichkeit und unveränderlichen Natur der Seele. Für ihn besteht des Menschen wichtigste Pflicht darin, den Frieden und die Stabilität seiner Seele zu sichern.

Diese neuen Denker vertraten auch religiöse Praktiken,

die auf ihren zahlreichen Philosophien fußten, und da diese Doktrinen häufig extrem waren und eine wohlüberlegte Verwerfung der Tradition und der Vergangenheit darstellten, waren ihre religiösen Praktiken ebenso extrem wie unkonventionell. Es wird berichtet, sie seien nackt in der Hitze der Sonne gesessen, hätten ihre Körper mit Kot bedeckt oder nur die wilden Gräser der Wälder gegessen und hätten es jedenfalls auf sich genommen, das allereinfachste Leben zu führen. Wenn man es ideologisch sehen will, so lebten sie in einer Zeit, die vieles mit der unseren gemein hat, und die Art, wie sie darauf reagierten, war jener der Hippies der 60er Jahre nicht unähnlich. Zeitgemäß ausgedrückt waren sie Aussteiger aus der brahmanischen Gesellschaft, die sich zusammenschlossen, um ein Leben nach eigenen Vorstellungen und Werten zu führen. Der Wunsch nach einer neuen und befriedigenderen Lebensphilosophie war die Grundlage ihres Verhaltens, während ihr Verhalten selbst die anerkannten Normen und Konventionen verhöhnte. In allen diesen Punkten ähnelten sie eindeutig den heutigen Aussteigern. Umgekehrt scheinen ja die Aussteiger häufig von Yoga, Zen oder anderen Spielarten indischer oder fernöstlicher Philosophien angezogen zu werden, was ebenfalls den Schluß nahelegt, daß es eine grundlegende emotionale Affinität zwischen der Zeit Shakyamunis und der sechs nicht-buddhistischen Lehrer einerseits und unserer Zeit andererseits gibt. Die Tatsache, daß sich die Doktrinen der sechs Denker mit ihren stark materialistischen und nihilistischen Elementen so großer allgemeiner Beliebtheit erfreuten, bildet eine weitere Analogie zu unserer Zeit.

Die sechs Denker lebten, wie bereits gesagt, zu einer Zeit, da eine neue soziale Klasse an die Macht kam und tiefgreifende Veränderungen stattfanden. Es ist daher nur natürlich, daß auch die Wertvorstellungen damals Veränderungen durchmachten. In dieser Periode der sich rasch wandelnden Werte hatten die sechs Denker meines Erachtens die Rolle von Bannerträgern der neuen Kräfte, die sich daran machten, das starre Wertesystem der Brahmanen zu zerstören. Die deutlich nihilistischen und negativistischen Tendenzen in ihrem Denken spiegelten vermutlich nur die allgemeine philosophische Stimmung ihrer Zeit wider. Aber nur mit einer nihilistischen Philosophie allein kann man niemals jenen Geist fördern, der eine neue Gesellschaft erstehen lassen könnte. Diesbezüglich waren diese Philosophien von sich aus beschränkt. Meines Erachtens war nur der Buddhismus, die Philosophie Shakyamunis, imstande, diese negativistische Philosophie zu transzendieren und eine dialektische Lösung jener Probleme zu gewährleisten, die durch die Gegensätzlichkeit des traditionellen Brahmanismus einerseits und den Kräften, die diesen zu überwinden trachteten andererseits, entstanden waren.

Da zwischen Shakyamunis Zeit und der unseren solche Parallelen bestehen, sollten wir das Auftauchen der sechs Lehrer und der Philosophie Shakyamunis nicht nur als Ereignisse ansehen, die vor langer Zeit in Indien stattgefunden haben. Für den modernen Menschen, der in einer von Epikureismus, Nihilismus und Dekadenz geprägten Gesellschaft lebt, vermitteln diese Ereignisse eine wichtige historische Botschaft.

Wie der Philosoph Karl Jaspers erkannt hat, wurde Shakyamuni nahezu zur selben Zeit geboren wie Sokrates in Griechenland, Konfuzius in China und der Deutero-Jesaja, dessen Gedankengut für die Christenheit so bedeutend sein sollte, in der jüdischen Welt. Das nahezu gleichzeitige Auftreten dieser großen Denker ist für Jaspers gleichbedeutend mit einer Morgendämmerung der geistigen Zivilisation der Menschheit. Für die Geschichte des menschlichen Geistes kann man diese Zeit als entscheidenden und ersten Angelpunkt bezeichnen, als die Philosophien dieser Männer als Antwort auf die Veränderungen auftraten, denen die alte Gesellschaft und die materielle Kultur, die sie hervorgebracht hatte, unterworfen waren.

Die geistigen Prinzipien, die an diesem ersten Angelpunkt aufgekommen waren, bestimmten noch bis ins neunzehnte Jahrhundert die Entwicklung der Geschichte der Menschheit. Aber im zwanzigsten Jahrhundert begann die materielle Zivilisation, die der Mensch sich geschaffen hatte, sich plötzlich zu verändern und in völlig unerwartetem Tempo fortzuschreiten. Was nun nach Jaspers Meinung notwendig wäre, ist eine neue Philosophie, eine neue Religion, die mit der unglaublichen Entwicklung von Wissenschaft und Technologie vereinbar ist und einen zweiten historischen Angelpunkt bilden könnte. Diese Meinung teile ich völlig.

Wenn wir uns dem Studium der Zeit Shakyamunis widmen, so geschieht das folglich nicht nur, um mehr über eine lange zurückliegende Vergangenheit zu erfahren, sondern mit dem Blick auf die Bedürfnisse der Gegenwart. Wer weiß also, was für ein frischer Quell geistiger Nahrung zutage gebracht werden könnte, wenn wir nur tief und aufrichtig genug in die Vergangenheit einzudringen bereit wären. Ich glaube, daß das heute offenkundige große Interesse für den Buddhismus unter Intellektuellen weitgehend von der Hoffnung auf solche Entdeckungen getragen ist.

Aber um zu den sechs nicht-buddhistischen Lehrern zurückzukommen – der bedeutende Buddhismus-Forscher Fumio Masutani vertritt die Auffassung, daß die Beziehung der sechs Lehrer zu Shakyamuni mit jener zwischen den Sophisten und Sokrates zu vergleichen sei. Die Lehren des Sokrates gingen teilweise von den Lehren der verschiedenen sophistischen Philosophien aus oder liefen parallel zu ihnen, aber gleichzeitig war Sokrates diesen dialektisch weit überlegen. Ebenso liefen die Lehren Shakyamunis parallel zu jenen der sechs nicht-buddhistischen Lehrer, aber sie übertrafen diese doch bei weitem. Und so wie Griechenlands politisches und kulturelles Leben zu Sokrates' Zeiten von Städten wie Athen oder Sparta bestimmt wurde, war das Leben im nördlichen Indien zu Shakyamunis Zeit von den Stadt-Staaten Rajagaha in Magadha, Savatthi in Koshala und anderen beherrscht. Es scheint, als hätten jene gesellschaftlichen und politischen Umfelder, aus denen die großen Weltphilosophien und Religionen hervorgegangen sind, einige Elemente gemein gehabt. Shakyamunis Philosophie ging aus einer Situation der intellektuellen Gärung und des Aufruhrs in einem Teil der Welt hervor und erzielte eine dialektische Auflösung der widerstreitenden Doktrinen der sechs Lehrer und der fünfundneunzig brahmanischen Sekten, während aus einem gleichzeitigen vergleichbaren Aufruhr in einem anderen Teil der Welt die Philosophie des Sokrates entstand.

Die Jahre der Askese

Die Begegnung mit König Bimbisara

Ob Shakyamuni, als er sich für Magadha als Ort seiner religiösen Askese entschied, von der Existenz der bereits erwähnten sechs nicht-buddhistischen Lehrer wußte, läßt sich nicht mit Sicherheit feststellen. Jedenfalls gibt es keine Erwähnung eines Zusammentreffens mit ihnen während seines Aufenthaltes in Magadha. Bezüglich dieser Fragen können wir nur auf der Basis dessen, was über Shakyamunis Erziehungshintergrund bekannt ist, spekulieren.

Shakyamunis Geburtsstadt Kapilavastu hatte den Ruf, beste Bildungsmöglichkeiten zu gewährleisten. Man sagt sogar, daß manche Koshala-Familien, also Angehörige jenes mächtigen Staates, von dem die Shakyas abhängig waren, ihre Söhne nach Kapilavastu sandten, um sie dort in den zivilen und militärischen Künsten ausbilden zu lassen. Es scheint, als seien die Shakyas, die ja politisch schwach und deshalb gezwungen waren, sich unter den Schutz Koshalas zu stellen, ein geistvolles und stolzes Volk gewesen, das die Bildung hoch achtete.

In seiner Studentenzeit, der ersten der vier traditionellen Phasen des indischen Lebens, wurde Shakyamuni sicherlich auch in den Lehren des Brahmanismus unterrichtet, wenn auch kein Name eines bestimmten Lehrers überliefert ist. Vielleicht hat er in einer regulären Schule gelernt, wie die Söhne der Mitglieder der brahmanischen Klasse; vielleicht auch hat sein Vater brahmanische Lehrer in den Palast geholt, die seinen Sohn in einem der Lustgärten unterrichteten, die er für ihn hatte anlegen lassen. In der Legende ist nur überliefert, daß der jugendliche Shakyamuni seine Lehrer durch die raschen Fortschritte im Schreiben und der Arithmetik überraschte.

In so einer intellektuellen Umgebung ist es eher unwahrscheinlich, daß er über die neuen kulturellen und philosophischen Bewegungen, die im Nachbarstaat Magadha aufstrebten, genauere Kenntnisse hatte. Und dennoch, auch im benachbarten Koshala müssen, wenn auch möglicherweise in kleinerem Maßstab, dieselben Bewegungen aufgetreten sein, und ich kann mir nicht vorstellen, daß Shakyamuni mit seinem klaren Verstand und seiner Sensibilität nicht intuitiv spürte, daß in der Welt außerhalb Kapilavastus neue und mächtige Kräfte im Entstehen waren. Vage Gerüchte von neuen intellektuellen und geistigen Strömungen, die ihn während seiner Studentenzeit erreicht haben mögen, könnten dem erwachsenen Shakyamuni wieder in den Sinn gekommen sein, als er beschloß, ins religiöse Leben einzutreten, und ihm die Wahl von Magadha als Ziel nahegelegt haben.

Es ist anzunehmen, daß Shakyamuni, als er nun Rajagaha erreicht hatte, zunächst in der Stadt umherwanderte, um die verschiedenen Lebensformen der verschiedenen Asketen und religiösen Führer, die hier versammelt waren, zu beobachten. Dabei soll das scharfe Auge des Herrschers von Magadha, König Bimbisara, auf ihn gefallen sein.

Der Tradition zufolge blickte der König vom Turm seines Palastes auf die zahllosen Asketen, die bettelnd durch die

Stadt zogen, bemerkte Shakyamuni, und da er erkannte, daß dieser etwas Besonderes war, ließ er seine Diener diesem Mann folgen. Das taten sie, kehrten dann zurück und berichteten ihrem König, daß Shakyamuni am Fuße des Berges Pandava im Westen der Stadt lebte. Da machte sich König Bimbisara mit seinem Gefolge höchst persönlich auf, um dem künftigen Buddha dort zu begegnen. Die Stadt Rajagadha, damals wohl die größte Stadt Indiens, war übrigens an allen Seiten von Bergen umgeben, also nicht nur vom Pandava, sondern unter anderem auch von der berühmten Gridhrakuta oder Geierspitze, auf der Shakyamuni das *Lotus Sutra* gepredigt haben soll.

Wenn die Geschichte wahr ist, so würde das bedeuten, daß an Shakyamunis Äußerem etwas Auffälliges war, vielleicht ein undefinierbares Leuchten, das die Aufmerksamkeit des Königs auf sich zog. Es würde auch bedeuten, daß der König ein Mann von besonderem Wahrnehmungsvermögen war, wenn er Shakyamuni in dem Durcheinander und der großen Menge religiöser Bettler ausmachen konnte. Tatsächlich deutet die Geschichte ja darauf hin, daß dieser König kein gewöhnlicher Herrscher war. In einer Zeit der turbulenten Veränderungen in der indischen Gesellschaft, in der die kleinen Stammes-Staaten von ihren mächtigeren Nachbarn einfach geschluckt wurden, verstand er es nicht nur, seinen Staat vor dieser Gefahr zu bewahren, sondern stärkte diesen noch und dehnte seinen Einfluß weiter aus.

Um aber zur Geschichte des Zusammentreffens von Shakyamuni und dem König zurückzukommen: Es wird berichtet, daß der König die Ausläufer des Pandava erreichte und Shakyamuni dort antraf, wie dieser sich ausruhte. Ohne zu zögern soll er auf ihn zugegangen sein und zu ihm gesagt haben: „Du bist jung an Jahren, aber von kräftiger Erscheinung und scheinst aus gutem Haus zu stammen. Ich möchte dir allen Reichtum geben, den du begehrst. Meine Elefanten-Bataillone und meine tapfersten Truppen will ich unter dein Kommando stellen."

Dann fragte der König Shakyamuni, von wo er komme. Dieser antwortete ihm, er sei ein Prinz des Königreiches der Shakyas, das unter der Hegemonie der Koshala stehe. Und zu dem Angebot von Reichtümern und Truppenkommando meinte er: „Ich habe mein Heim und meine Familie verlassen und habe kein Verlangen nach weltlichen Dingen. Irdische Gelüste führen nur zu Verstrickungen, und nur wer frei von ihnen ist, kann Frieden und Ruhe finden. In diesem Bewußtsein habe ich mich für das asketische Leben entschieden, um die Wahrheit zu suchen. Das ist mein einziges Ziel – sonst habe ich keinen Wunsch."

Dieser Bericht, der als eines der ältesten Werke des buddhistischen Kanons gilt, zeigt, wie tief der König von Shakyamuni beeindruckt gewesen sein muß, wenn er dem jungen Mann Reichtümer und die Armeeführung anbot. Wie jeder verantwortungsvolle politische Führer eines Landes, muß König Bimbisara ständig auf der Suche nach außergewöhnlich geschickten jungen Männern gewesen sein, die für die zukünftige Entwicklung des Staates von Vorteil sein konnten. An Shakyamuni muß etwas gewesen sein, daß ihn erkennen ließ, daß er sich so einem Mann gegenüber befand. Manche Forscher meinten, König Bimbisara hätte, als er Shakyamuni die Führung der Armee anbot, bereits gewußt, daß er mit dem Königssohn der Shakyas sprach. Er habe versucht, auf diesem Weg das Königreich der Shakyas aus dem Einfluß der sie beherrschenden Koshala unter das eigene Kuratell zu führen. Ich bezweifle aber, daß er solche verborgenen Gründe gehabt haben könnte.

In der Überlieferung heißt es ferner, der König habe nach

Shakyamunis Ablehnung nicht weiter auf seinem Angebot bestanden. Vielmehr hätte er ihn gebeten, nach Shakyamunis Erleuchtung dessen erster Schüler sein zu dürfen und die neugefundene Wahrheit vermittelt zu bekommen. Tatsächlich wird berichtet, daß Shakyamuni nach seiner Erleuchtung – wenn auch nach anderen Aufenthalten – nach Magadha zurückkehrte, und daß König Bimbisara zu jener Zeit ein Jünger von ihm wurde.

König Bimbisara wird in zahlreichen buddhistischen Schriften angeführt, so daß sein Name jedem Buddhisten vertraut ist. Trotz seines früheren Ruhmes scheinen seine späteren Jahre unglücklich gewesen zu sein, denn es wird berichtet, sein Sohn Ajatashatru habe zur Rebellion gegen ihn aufgerufen, ihn verhaften lassen und ihn möglicherweise auch hingerichtet. Vielleicht hatte er damals seine Lebensaufgabe bereits erfüllt, und schließlich kann keiner sich seinem Schicksal widersetzen, das ihn durch die Wucht seiner Schläge zu gedanklicher Tiefe führt.

Die zwei brahmanischen Eremiten

Den geistlichen Schriften zufolge erwählte Shakyamuni nach seiner Begegnung mit König Bimbisara am Fuß des Pandava-Berges zwei eremitische Weise aus den vielen Asketen und begann unter ihnen seine religiösen Praktiken. Diese beiden Weisen hießen Alara Kalama und Uddaka Ramaputta.

Das Einsiedlerdasein der Eremiten-Weisen ist allen orientalischen Religionen vertraut. In China, wo diese

Einsiedler als *hsien* bekannt sind, sagte man ihnen die Fähigkeit nach, durch die Lüfte zu fliegen und noch andere Kunststücke zu vollbringen, und sie galten als das Ideal des taoistischen Glaubens. In Indien findet man Beispiele solcher Männer von den brahmanischen Zeiten an: Männer, die in der Abgeschiedenheit der Berge oder Wälder lebten, nach religiöser Erleuchtung strebten und für ihre Tugend bekannt waren. Diese Eremiten-Weisen galten als höchste Autorität in Fragen des brahmanischen Glaubens – und unter ihnen erwählte sich Shakyamuni zwei Lehrer.

Nach seiner Ankunft in Magadha hörte Shakyamuni zweifellos von den bereits erwähnten sechs nicht-buddhistischen Lehrern, wenngleich wir nicht wissen, ob er jemals einen von ihnen traf. Aber vielleicht wandte er sich zwei so entgegengesetzten Männern zu, wie den Einsiedlern Alara Kalama und Uddaka Ramaputta, weil er das radikale Wesen von Religion und Praxis der sechs Lehrer ablehnte. Man kann nur Vermutungen anstellen, warum er gerade diese beiden Lehrer erwählte, aber ich nehme an, das geschah, weil beide Meister der Yoga-Meditation waren. Von Alara Kalama sagte man, er habe durch die Meditation den Zustand erreicht, den man „den Ort, wo nichts existiert“ nennt, während Uddaka Ramaputtas Zustand mit „der Ort, wo es weder Denken noch Nicht-Denken gibt“ bezeichnet wurde.

Gemeinsam mit verschiedenen asketischen Praktiken war diese Yoga-Meditation im alten Indien hoch angesehen. Das Yoga kam vermutlich unter Menschen auf, die sich in ihrer dritten Lebensphase zum Nachdenken über ihr vergangenes Leben in die Abgeschlossenheit der Wälder zurückgezogen hatten. Zu Shakyamunis Zeit hatte es aber bereits eine wesentlich philosophischere und religiösere Bedeutung erlangt. Und zwar wurde es nun nicht mehr nur praktiziert, um zur geistigen Konzentration und zur

Selbsterkenntnis zu führen, sondern nunmehr sollte es über dessen physische Kontrolle zur Befreiung vom Körper verhelfen.

Im Brahmanismus und insbesondere in der Philosophie der Upanishads werden Geist und Materie, beziehungsweise Körper, als dualistisch und einander entgegengesetzt angesehen, und von dieser Gegensätzlichkeit von Körper und Geist werden zahlreiche Unglücke und Leiden abgeleitet. Um diesen Gegensatz zu überwinden, muß der Mensch die Arbeit des reinen und unbefleckten Geistes, mit welchem er geboren wurde, vorantreiben, bis dieser in sich selbst alle materiellen Elemente des Seins absorbiert hat. Das lehrte die Yoga-Meditation und darum wurde sie auch zu Shakyamunis Zeiten von zahlreichen Asketen als religiöse Übung praktiziert.

In den materiell fortgeschritteneren Ländern der heutigen Welt ist ein bemerkenswertes Interesse für die meditativen Praktiken von Yoga und Zen als eine Möglichkeit der Überwindung der geistigen Trostlosigkeit unserer Zeit festzustellen. Wer weiß, ob nicht auch zu Shakyamunis Zeit viele Menschen sich aus demselben Grund für Yoga interessierten. Ein tieferer Grund für die Popularität, die Yoga zu Shakyamunis Zeit genoß, lag wohl darin, daß es als eine Möglichkeit angesehen wurde, sich selbst von den Leiden zu erlösen, die mit dem menschlichen Dasein verknüpft sind.

Diese Vorstellung der Befreiung, die im Sanskrit mit dem Begriff *vimukti* und im Japanischen mit dem Wort *gedatsu* benannt wird, ist typisch orientalisch. Die am ehesten entsprechende Vorstellung in der westlichen Welt ist wohl jene der Freiheit, wiewohl *gedatsu* und Freiheit nicht dasselbe sind. Oder, um es anders auszudrücken, Freiheit wird von den Völkern des Westens und des Ostens nicht in der gleichen Weise gesehen. Im westlichen Sinn ist Freiheit immer in den Kontext der institutionellen Prinzipien der menschlichen Gesellschaft eingebunden. Aber Freiheit im östlichen Sinn bedeutet Freiheit vom Leiden, die dem menschlichen Dasein ohne Ansehen der gesellschaftlichen Institutionen, die vorherrschen, auferlegt sind. Möglicherweise haben sich die Menschen im Osten in der Vergangenheit allzusehr darauf konzentriert, die Befreiung vom fundamentalen menschlichen Dasein zu erreichen und darüber die Probleme der menschlichen Gesellschaft vernachlässigt. Das westliche Konzept der Freiheit hingegen, das vor allem die Rechte des Menschen als Mitglied der Gesellschaft verteidigt, hat zu einer ganzen Reihe von Veränderungen und Fortschritten in den Institutionen der Gesellschaft geführt. Tatsächlich kann das auch als eine der Hauptursachen für die Überlegenheit der westlichen Zivilisation über die geistige Zivilisation des Ostens in den letzten Jahrhunderten gesehen werden. Wie dem auch sei, wir müssen uns bemühen, beide Freiheits-Begriffe zu verstehen und zu achten, ohne unsere Zeit mit der Frage zu verschwenden, welcher nun dem anderen überlegen ist. Ich möchte allerdings nicht unerwähnt lassen, daß meines Erachtens das östliche Konzept angesichts der Probleme, mit denen unsere Zeit konfrontiert ist, das Nützlichere ist.

Aber kehren wir zu den brahmanischen Eremiten zurück. Es ist selbstverständlich, daß Shakyamuni, der es sich zur Aufgabe gemacht hatte, die großen menschlichen Probleme der Krankheit, des Leidens und des Sterbens zu lösen, sich zu den Eremiten und ihrer Yoga-Meditation hingezogen fühlte. Zuerst studierte er bei Alara Kalama, der rund dreihundert Schüler gehabt haben soll. Es ist nicht sicher, wo er seine Einsiedelei hatte; manche Quellen geben Vaishali an, eine Stadt in der Nähe von Magadha, andere das Vindhya-Gebirge.

Wie bereits erwähnt, hieß es, Alara Kalama hätte den Zustand erreicht, der als „der Ort, wo nichts existiert“ bekannt war, während Uddaka Ramaputtas Zustand als „der Ort, wo es weder Denken noch Nicht-Denken gibt“ bezeichnet wurde. Diese Stufen von *samadhi* oder Konzentration wurden später in die Reihe der buddhistischen Meditations- und Disziplinmethoden aufgenommen. Aber in den zehn Stufen zum Buddhismus nehmen sie eine relativ bescheidene Stelle ein; die erste entspricht dem Zustand des *shravaka*, des Hörers der Doktrin, der sie nur theoretisch versteht; die zweite jenem des *pratyekabuddha*, oder „Privat-Buddha“, dessen, der die zwölfteilige Kette der Kausalität begreift, aber nur an seiner eigenen Errettung interessiert ist. Beide sind sie unterhalb der von Shakyamuni selbst erreichten Stufe des Bodhisattwa angesiedelt, die verspricht, jeden einzelnen zu erretten. Shakyamuni erkannte bald, daß diese Stufen des *samadhi* nicht sein letztes Ziel sein konnten.
In der als *Madhyam-agama* bekannten Sutra wird berichtet, daß Shakyamunis Lehrer Alara Kalama überrascht war, wie rasch sein Schüler den Zustand „wo nichts existiert“ erreicht hatte. Es ist jener Zustand der inneren Leere, in dem man sich von allen irdischen Bindungen befreit hat. Alara Kalama bot seinem Schüler daraufhin an, von nun an die übrigen Schüler gemeinsam zu unterrichten. Shakyamuni lehnte das Angebot aber ab und verließ seinen Lehrer mit den Worten: „Dieser Unterricht führt nicht zur philosophischen Abgeklärtheit, zur Erstickung der Leidenschaften, zur Ruhe, zur Beruhigung, zur höchsten Wachheit oder zum Nirvana, sondern nur zu dem Zustand, ‚wo nichts existiert‘“. Das Ziel von Shakyamunis Suche war eine Art der Erleuchtung, durch die die Menschheit von den Leiden befreit werden konnte, die ihr von der Geburt bis zum Tod auferlegt sind. Die Me-

thode von Alara Kalama führte aber nicht annähernd zu diesem Ziel. Shakyamuni erkannte, daß die Loslösung von den weltlichen Dingen eben nur ein Teil der letzten Wahrheit ist, und deshalb verließ er die Einsiedelei.

Fast dasselbe ereignete sich, wie das *Madhyamagama* berichtet, als Shakyamuni seine Studien bei Uddaka Ramaputta fortsetzte, der in der Nähe der Stadt Rajagaha in Magadha gelebt und fast siebenhundert Schüler gehabt haben soll. Shakyamuni erreichte sehr bald dieselbe Stufe des *samadhi* wie sein Lehrer, nämlich den „Ort, wo es weder Denken noch Nicht-Denken gibt". Aber als er erkannte, daß auch dieser Zustand ihn nicht näher an sein Ziel führen konnte, verließ er auch diese Einsiedelei.

Es ist schwer zu sagen, was er genau mit „dem Ort, wo es weder Denken noch Nicht-Denken gibt" meinte. So lange jemand noch Gedanken und Ideen hat, bewegt er sich im Bereich des Begrifflichen. Aber der wahrhaft Erleuchtete muß gewissermaßen aus dem Gerüst des Begrifflichen gelöst und zur Essenz des Lebens selbst geführt werden. Gleichzeitig aber folgt das eigene denkende Selbst dieser Konzentration auf die Essenz des Lebens; vermutlich wird dieser Zustand deshalb als jener bezeichnet, in dem es „weder Denken noch Nicht-Denken gibt". Jedenfalls ist es wichtig, zu erwähnen, daß Shakyamuni bei diesen zwei Lehrern studierte, die als die größten Yoga-Meister ihrer Zeit galten, und daß er dabei dasselbe Niveau der Verklärung erreichte wie sie. Jedenfalls verließ er beide wieder, als er erkannte, daß ihn solche Methoden dem Ziel, das er verfolgte, nicht näherbringen würden, und wandte sich wieder verschiedenen asketischen Praktiken zu.

Für Yoga-Meister wie Alara Kalama und Uddaka Ramaputta hatte die Yoga-Praxis offensichtlich aufgehört, ein Weg zu einem höheren Ziel – jenem der Erleuchtung – zu sein, und war zu einem Ziel für sich geworden. Dasselbe könnte man vielleicht von den eher oberflächlichen Anhängern des sogenannten Zen-Booms in unserer Zeit sagen. Für sie genügt es, zu meditieren und die Gedanken ihres Geistes zu beruhigen. Wollte man schlecht über sie reden, so könnte man sagen, daß sie Gefahr laufen, zu übersehen, was gegenüber einem erhabenen Zustand geistiger Vollendung nicht mehr ist, als ein benebelter Geisteszustand. Yoga- und Zen-Meditation sind hervorragende, von asiatischen Philosophien und Religionen entwickelte Praktiken – aber, das hat Shakyamuni klar gemacht, sie sollten als Methoden zum Verständnis und zum Erreichen der letzten Wahrheit und nicht als Selbstzweck angesehen werden.

Die asketische Praxis

Wie wir gesehen haben, wandte sich Shakyamuni, als er erkannte, daß er die Erleuchtung, nach der er strebte, nicht bei den beiden Yoga-Meistern erreichen würde können, der asketischen Praxis zu. Verschiedenen Berichten zufolge soll er dieses Leben sechs Jahre lang verfolgt haben; andere Berichte geben zehn Jahre an. Er hielt sich dazu in einem Wald bei der Ortschaft Sena, im Bezirk Uruvela, etwas westlich von Rajagaha, auf. Diese Stadt soll am Nairanjana, einem Zufluß des Ganges, gelegen haben; Buddh Gaya, wo Shakyamuni später die Erleuchtung erreichte, liegt am selben Fluß.
In einer der Schriften wird Shakyamuni die folgende lebhafte Schilderung der Landschaft nachgesagt, in der er der

Askese nachging: „Nunmehr nach dem Guten strebend und auf der Suche nach dem Weg zu einem unvergleichlichen Zustand des Friedens, kam ich gelegentlich meiner Wanderungen durch Magadha in die Ortschaft Sena in Uruvela und ließ mich dort nieder. Es war eine herrliche Gegend, wo das klare Wasser des Nairanjana durch fruchtbare und reiche Landschaft strömte. Inmitten endloser Wiesen schlummerten kleine Dörfer im Schatten prachtvoller Bäume entlang lieblicher Hügel und Wälle. Als ich diesen Landstrich erblickte, dachte ich: ‚Das ist ein einladender Platz für einen jungen Mann aus gutem Hause, der sich dem Kampf stellen will'. Ich setzte mich nieder und sagte mir: ‚Das ist wahrlich ein guter Platz für asketische Praktiken'."

Es wird berichtet, daß der Wald bei der Ortschaft Sena ein Sammelplatz für Brahmanen war, die ihre Familien verlassen hatten und sich nun der Askese widmeten. Wie die Yoga-Meditation wurde auch die asketische Praxis in der indischen Philosophie als eine Methode zur geistigen Erweiterung angesehen und daher häufig angewandt. Ihr lagen ebenfalls die bereits besprochenen Vorstellungen der Dualität von Geist und Materie sowie der Suche nach Loslösung zugrunde. Man glaubte, geistige Freiheit erlangen zu können, indem man den Körper zahlreichen schmerzhaften Übungen aussetzte und die Überwindung von Schmerz und Leid erlernte.

Die verschiedenen Askesen, die praktiziert wurden, sind nach ihren Zielen in vier Kategorien unterteilt: Beherrschung des Geistes, Aufhebung der Atmung, totales Fasten und schließlich strenge Diät. Diese Aufgaben wurden in strenger Unterwerfung unter detaillierte Vorschriften und Regeln erfüllt. Bei der Aufgabe, den Geist zu beherrschen, sitzt man beispielsweise in einer bestimmten Haltung, preßt die Zähne leicht zusammen, drückt die Zunge gegen den Gaumen und konzentriert sich nun in dieser Stellung darauf, den Geist vollständig unter Kontrolle zu bringen. Das klingt verhältnismäßig leicht, aber über Stunden hinweg durchgehalten soll das Atmen unglaublich schwierig werden, und der Schweiß soll aus den Achseln strömen.

Die Übung, die zur Aufhebung der Atmung führt, gilt als eine der schwersten überhaupt. Zuerst konzentriert man sich darauf, die Atemluft daran zu hindern, durch Nase oder Mund ein- und auszuströmen. Man würde meinen, daß das zur Erstickung führt, aber wenn die Atmung durch Mund und Nase einmal unterbunden ist, atmet man durch die Ohren. Das soll einen schellenden Lärm in den Ohren hervorrufen und unglaublich schmerzhaft sein. Wenn man einmal die Atmung durch Nase und Mund verhindert hat, unterdrückt man in der Folge auch die Atmung durch die Ohren, was zu entsetzlichen Schmerzen im Kopf führt, um schließlich auch die Atmung durch den Unterleib und damit durch den gesamten Körper zu unterbinden.

Was nun das Fasten betrifft, so sind Übungen, die zwischen vierundzwanzig Stunden und einer Woche anhalten, nur für Anfänger gedacht. Fortgeschrittenere fasten gewöhnlich für einen, zwei oder mitunter sogar sechs Monate ohne Unterbrechung. Die Fastengewohnheiten in der Jain-Religion sind für ihre Strenge bekannt. Neun der elf Schüler Nigantha Nataputtas, des Begründers der Jain-Religion, fasteten sich zu Tode, aber sie sollen dadurch die letzte Erlösung erlangt haben.

Wenn man die Beschreibungen dieser schmerzhaften und unmenschlichen Praktiken liest, so erkennt man erneut, was für schreckliche Konsequenzen es haben kann, wenn Religionen oder Ideologien ins Extreme gesteigert werden. Trotzdem muß man zugestehen, daß auch die Praktiken der Jains, mögen sie auch hart und extrem gewirkt haben, in bezug auf ihre Absichten nicht ohne philosophische Bedeutung waren.

Der Begriff für solche asketischen Praktiken im Sanskrit lautet *tapas*, wörtlich „Hitze". Dieses Wort bezog sich ursprünglich auf eine Übung, bei der man solange nackt in der Hitze der brennenden Sonne stand oder saß, bis einem das Fleisch versengt und ausgedörrt war. Wie bereits erwähnt war man der Auffassung, der Körper sei besudelt, der Geist hingegen ursprünglich rein, und daher konnte man die Art von Frieden, die der letzte Zustand der Loslösung beschert, nur erreichen, wenn man das Fleisch dem Absterben ausgesetzt hatte. Diese asketischen Übungen wurden als wichtige Methode im Streben nach Erleuchtung angesehen, und es wurde traditionell angenommen, daß jeder, der seine Familie verlassen hatte, um sich dem religiösen Leben zu widmen, sich notwendigerweise irgendwann auch solchen Übungen unterworfen haben mußte, bevor er hoffen konnte, ins Herz der letzten Wahrheit einzudringen.

Shakyamuni fühlte nun, da er die Erleuchtung nicht über die Yoga-Meditation erreicht hatte, daß er keine Alternative zur Verschreibung an die Askese besaß. Niemand kann sich außerhalb seines Zeitalters bewegen, und so vermeinte auch Shakyamuni, wie viele seiner Zeitgenossen, daß nur die Erfahrung von Schmerz und Bitternis solcher Übungen ihm die Hoffnung eines wahrhaftigen geistigen Fortschreitens geben könnte.

Ich frage mich, ob man nicht dasselbe von allen Menschen sagen kann, die irgendeine große Wahrheit erfaßt oder eine Entdeckung gemacht haben, die den Lauf der Geschichte verändert hat. Die Art von Philosophie oder Weisheit, die einen befähigt, zum Führer der Massen zu werden oder die die Aufmerksamkeit eines ganzen Zeitalters auf sich lenkt, wird nie auf einfachem oder leichtem Weg erworben werden können. Ich glaube, auch Shakyamuni war der Überzeugung, daß nur die Erfahrung von Leid, die solche Übungen mit sich bringen, und die direkte Konfrontation damit ihm zur Entdeckung seiner selbst verhelfen konnte. Wenn wir so eine Erklärung nicht akzeptieren, wird es schwer sein, sich damit abzufinden, daß Shakyamuni mehr als die Hälfte der Zeit, in der er die Erleuchtung suchte, mit solchen Praktiken verbrachte: zehn Jahre, wenn man den einen, sechs Jahre, wenn man den anderen Berichten traut. Man sollte nicht vergessen, daß man in religiösen oder ideologischen Angelegenheiten nicht erwarten darf, die Essenz einer Sache zu erfassen, solange man nicht in sie eingedrungen ist und sie erfahren hat. Wir sind heute sehr an den wissenschaftlichen Geist gewöhnt, der sich dadurch auszeichnet, daß er objektive Maßstäbe anwendet und die Dinge von außen betrachtet. Aber die Suche der nach wahrer Erleuchtung Strebenden gestattet so eine Position des Außenstehens nicht; hier ist ein Fortschritt zumeist nur durch den Prozeß der unmittelbaren, eigenen Erfahrung zu erreichen.

Wir können sicher sein, daß sich Shakyamuni, als er die Stadt verließ und sich in den Wald zurückzog, verschiedensten asketischen Praktiken in ehrlicher und tiefschürfender Weise unterzog. In den Schriften wird berichtet, daß seine Umgebung über die Strenge der Übungen, denen er sich unterzog, überrascht war und in einem Fall sogar glaubte, er sei an einer Übung gestorben. Es wird berichtet, er habe in späteren Jahren über diese Zeit seines Lebens gemeint, niemals in Vergangenheit, Gegenwart und Zukunft habe sich ein brahmanischer oder *shramana*-Asket ähnlich strengen Selbstquälungen unterworfen, wie er selbst, und trotzdem sei er auf diesem Weg nicht imstande gewesen, die Erleuchtung zu erreichen. Die

Selbstsicherheit, die diese Behauptung ausstrahlt ist wichtig, denn sie zeigt, daß er davon überzeugt war, daß er sich bestimmt und mit vollem Herzen diesen asketischen Praktiken verschrieben und sie so lange verfolgt hatte, bis er an ihren Grund gelangt war. Wenn er später, nachdem er auf diesem Weg sein Ziel nicht hatte erreichen können, diese Praktiken aufgab, so nicht mit dem Gefühl, auf halbem Weg an mangelnder Willenskraft gescheitert zu sein, sondern in dem Bewußtsein, die Quintessenz des Asketismus erfaßt und begriffen zu haben, daß dieser ihn seinem Ziel nicht näherbringen konnte. Das ist ein wichtiger Punkt, denn er bedeutet, daß im Buddhismus nur jene die Erleuchtung erreichen können, die leidenschaftlich und über die schwersten Hindernisse hinweg danach suchen.

Die Verwerfung der Askese

Shakyamuni studierte bei zwei Lehrern Yoga, insbesondere die Kunst der Meditation, aber sobald er die Techniken gemeistert hatte, verließ er die Lehrer wieder. Und auch nachdem er sich den strengsten körperlichen Kasteiungen ausgesetzt hatte, gab er diese Praktiken wieder auf, um seinen eigenen Weg auf der Suche nach der letzten Weisheit zu beschreiten. Diese beiden Verwerfungen sind meines Erachtens bedeutungsvoll, zeigen sie doch klar auf, daß der Buddhismus weder die Lehre der strengen Askese, noch eine vorwiegend meditative und idealistische Philosophie ist. Er ist vielmehr eine Religion, die von der Erkenntnis ausgeht, daß die fundamentale Wahrheit in einer allgemein verständlichen Form jedem einzelnen Individuum vermittelt werden kann. Er ist die Religion des sogenannten Weges der Mitte.

Wir werden noch näher auf diesen Begriff des Weges der Mitte eingehen, wenn wir uns mit der Art von Shakyamunis Erleuchtung auseinandersetzen. Einstweilen genügt es, festzuhalten, daß er sowohl den Asketismus als auch den Hedonismus als einseitige Extreme ablehnte. In der *Dharmachakra-pravartana Sutra*, in der die erste Predigt Shakyamunis nach seiner Erleuchtung festgehalten ist, meint er zu seinen fünf Schülern: „Es gibt zwei Extreme in dieser Welt, O Bhikkhus, die der religiöse Wanderer meiden sollte. Was sind diese zwei? Das Streben nach Begierde und die Nachgiebigkeit gegenüber sinnlichen Gelüsten, was niedrig, verderbt, gemein und nutzlos ist; und das Streben nach Qualen und Selbstpeinigung, was schmerzhaft, gemein und nutzlos ist."

„Es gibt einen Weg der Mitte, O Bhikkhus, den der Tathagata entdeckt hat, und der diese beiden Extreme meidet. Er bringt klaren Blick und Einsicht, lehrt Weisheit und führt zu Ruhe, Wachheit, Erleuchtung und Nirvana ..."

Das könnte gewissermaßen als Shakyamunis Zusammenfassung seines eigenen Lebens sowohl als Prinz wie auch als Asket betrachtet werden. Er verwirft beide unerwünschten Extreme – sowohl das Luxusleben, das er im Palast gelebt hatte, als auch seine strengen asketischen Praktiken. Dieser Abschnitt, der durch die Verwerfung von Hedonismus und Asketismus die Untrennbarkeit von Geist und Körper impliziert, bietet eine wunderbare Zusammenschau seiner Philosophie und Praxis.

Hedonismus und Asketismus teilen eine Eigenschaft, auch wenn sie in den meisten Punkten entgegengesetzte Pole darstellen: Sie sind beide das Produkt dualistischen Denkens. Die Asketen beispielsweise sahen Geist und

Körper als zwei gegensätzliche, klar voneinander unterschiedene Substanzen. Der Körper ist unrein und schlecht; der Geist ist rein und gut. Nur durch die Zerstörung des Körpers oder zumindest seine Unterwerfung unter extreme Qualen kann der Geist befreit werden. Die Lehren der Jain sind typisch für so eine Sicht; so wurde auch Anhängern dieses Glaubens, die sich zu Tode gefastet hatten, nachgesagt, sie hätten das Nirvana erreicht.
Wenn der Körper der Quell des Bösen ist, so hat man keine andere Wahl, als ihn zu zerstören. Diese Denkweise hat den Aufstieg von Religionen bewirkt, die lehren, daß die Welt so lange unrein bleiben werde, als Menschen mit Körpern belastet sein werden, und daß die einzige Hoffnung des Menschen, das wahre Reine Land oder Paradies zu erreichen, im Tod liege. Es scheint, daß ganz allgemein hinter den Dogmen von Religionen, die den Begriff eines Reinen Landes oder Paradieses kennen, das Christentum inbegriffen, der Dualismus steht.
Es erübrigt sich, darauf zu verweisen, daß der Hedonismus das andere Extrem darstellt. Er verwirft die Vorstellungen der Reinheit des Geistes und des Lebens nach dem Tod als Produkt der Phantasie und glaubt allein an die Existenz von Körper und Materie und damit an die Notwendigkeit, die Bedürfnisse und Gelüste des Körpers so weit wie nur möglich zu befriedigen. In den Augen des erleuchteten Buddha stellen natürlich beide Ansichten, jene des Hedonisten ebenso wie jene des Asketen, zwei unhaltbare und unerfreuliche Extreme dar.
Diese Art der asketischen Selbstverleugnung war vielleicht im alten Indien besonders hoch und systematisch entwickelt, aber ähnliche Gedanken finden sich in nahezu jedem Zeitalter und überall. Heute wird der Frage des menschlichen Ego besondere Aufmerksamkeit gewidmet. Und weil das Ego für viele jener Probleme verant-

wortlich ist, die unsere Zivilisation bedrohen, wie zum Beispiel die Umweltverschmutzung und die Entwicklung der Nuklearwaffen, gibt es jetzt eine starke Tendenz, das Ego als durch und durch böse zu betrachten und seine Verleugnung zu verlangen.

Ich glaube persönlich, daß es gut ist, wenn man sich dieser Probleme bewußt wird, aber daraus gleich zu einer vollständigen Verleugnung des Selbst zu gelangen, scheint mir doch allzu extrem. Ich glaube, man sollte eher versuchen, dieses Ego genannte Wesen vom Standpunkt der Menschheit als einem Ganzen zu erfassen, um zu ergründen, in welcher Weise es geführt und gelenkt werden sollte.

Das Ideal der Selbstverleugnung ist häufig von guten Motiven getragen, und es ist auch etwas, womit jeder, der nach der Wahrheit sucht, einmal in Berührung kommen muß. Auch vom buddhistischen Mönch, der ein heimatloses Leben führt, könnte man sagen, daß er bis zu einem gewissen Punkt Selbstverleugnung betreibt. Aber es ist eine Verleugnung des Ego oder Selbst in seiner derzeitigen Gestalt, zugunsten des „Selbst, wie es sein sollte". Auch die „menschliche Revolution" ist ein Prozeß, in dem man versucht, die harte Wirklichkeit des Selbst zu erfassen. Aber Selbstverleugnung sollte nie ein Selbstzweck werden, da sie sonst zu nichts Konstruktivem führen kann.

Der Asketismus tendierte zu Extremen, weil er sich auf dualistisches Denken stützte und eine unhaltbare Sicht des Lebens und der menschlichen Natur vertrat. Im Laufe seiner asketischen Praxis erkannte Shakyamuni das, und deshalb gab er sie nach so langer Zeit wieder auf.

Damit tat er aber auch bereits den ersten Schritt zur Schaffung einer neuen Religion, die völlig anders als alle bis dahin existenten Religionen sein sollte. So gesehen war seine Abkehr vom Asketismus ein Markstein in seinem Leben und etwa seiner früheren Entscheidung vergleichbar, sich

von seiner Familie zu lösen und ins religiöse Leben einzutreten.
Als er schließlich das asketische Leben aufgegeben hatte, nahmen die Ereignisse rasch ihren Lauf, und schon bald erreichte Shakyamuni auch seine Erleuchtung. Es ist nicht genau überliefert, wie viele Tage vergingen, aber der Tradition zufolge kam das Große Erwachen über ihn, kurz nachdem er den Wald verlassen hatte, wo er der Askese nachgegangen war.
Wie bereits früher erwähnt, war der Wald ein Sammelplatz für brahmanische Asketen, also kann Shakyamuni während seiner Praktiken nicht allein gewesen sein. Unzweifelhaft erlernte er die verschiedenen Praktiken von den anderen Asketen, wenngleich nicht überliefert ist, daß er sich einem besonderen Asketen angeschlossen hätte oder bei ihm in die Lehre gegangen wäre. Die Legende berichtet, es seien fünf Asketen mit ihm gegangen, da sie, von der Strenge seiner Übungen beeindruckt, erkannt hätten, daß er eines Tages die Erleuchtung erreichen würde. Diesen fünf Asketen, oder *bhikkhus*, galt, wie wir sehen werden, die erste Predigt Shakyamunis.
Es gibt zahlreiche Theorien darüber, wie diese fünf Männer dazu kamen, ihn während seiner asketischen Jahre zu begleiten. Einer Theorie zufolge waren sie von Shakyamunis besorgtem Vater zum Schutze seines Sohnes geschickte Brahmanen. Eine andere Theorie behauptet, sie hätten keinerlei Verbindung zum Shakya-Königreich besessen und seien ihm nur gefolgt, weil sie von seiner asketischen Praxis so beeindruckt gewesen seien. Wieder eine andere Theorie behauptet, sie seien von Shakyamunis Vater viel später gesandt worden, als diesem zu Ohren gekommen sei, wie streng sein Sohn die Askese betreibe, und er sich sorgte, ob Shakyamuni nicht in Lebensgefahr schwebe. Es muß erwähnt werden, daß einer von ihnen einen Namen

trug, der seine Abstammung vom Shakya-Königreich beweist, und es ist somit anzunehmen, daß sie Brahmanen waren, die eine nicht eben zufällige Beziehung mit Shakyamunis Geburtsstadt verband.

Wenngleich diese fünf *bhikkhus* zuvor davon überzeugt gewesen waren, daß Shakyamuni durch die asketischen Praktiken sicherlich die Erleuchtung erreichen werde, verloren sie nun, als er diese Praktiken aufgab, ihren Glauben in ihn, warfen ihm vor, er sei „verschwenderisch in seinen Wegen geworden" und hätte „den Kampf aufgegeben", und so verließen sie ihn mit Abscheu. Diese Anekdote illustriert sehr gut, wie hoch asketische Praktiken unter den Menschen angesehen waren, die sich dem religiösen Leben verschrieben hatten – und sie zeigt damit auch den großen Mut, den Shakyamuni bewies, indem er sich davon abwandte. Aber mit der unumstößlichen Überzeugung und Sicherheit gewappnet, ignorierte er die Anschuldigungen und Verleumdungen dieser Leute und setzte seinen Weg zum Großen Erwachen ruhig und beharrlich fort.

Die Erleuchtung

Buddh Gaya

Nachdem er die allerstrengsten der zu seiner Zeit bekannten asketischen Praktiken vollführt hatte, ohne dadurch die Erleuchtung zu erreichen, beschloß Shakyamuni, diese Praktiken aufzugeben. Sein nächster Schritt bestand nun zunächst darin, seine Kraft wiederzuerlangen, die er infolge der zahlreichen Kasteiungen verloren hatte. Buddhistische Skulpturen stellen Shakyamuni in dieser Zeit auf erschreckende Weise als mager und ausgemergelt dar. Der Legende zufolge badete er im Fluß Nairanjana, um sich von Schmutz und Kot zu säubern. Er war durch seine schweren Prüfungen so geschwächt, daß es ihm gerade noch gelang, wieder an das Flußufer zurückzuklettern. Dieser Brauch, in einem Fluß zu baden, um sich körperlich und geistig zu reinigen, ist heute noch in Indien sehr verbreitet. Jeder hat schon einmal Bilder von dem Getümmel der Gläubigen gesehen, die in den Wassern das Ganges baden. Obwohl das Wasser des Flusses trüb und unrein ist, glauben die Badenden doch, daß sie sich durch das Überfluten ihrer Körper von dem Zyklus der Seelenwanderung befreien können.

Der Brauch des reinigenden Bades in Flüssen scheint unter den Asketen zu Shakyamunis Zeit sehr verbreitet gewesen zu sein und dürfte seinen Ursprung in dem alten indischen Glauben gehabt haben, daß die Naturgottheiten in den Flüssen, Bäumen, Böden und anderen natürlichen Dingen leben. In bezug auf Shakyamunis Bad scheint es mir aber doch so, als hätte er damit ein Zeichen seiner festen Absicht setzen wollen, seinem Asketenleben ein Ende zu machen und einen Neubeginn auf der Suche nach der Wahrheit zu unternehmen. Noch vor der Fortsetzung der Suche hatte er das Bedürfnis nach Reinigung von Körper und Geist.

Dann brach Shakyamuni sein langes Fasten ab. Er aß, so wird berichtet, eine Art Grütze aus in Milch gekochtem Reis, die ihm von einem Mädchen namens Sujata gereicht wurde. Um Sujata ranken sich zahlreiche Legenden, eine davon besagt, sie sei die Tochter des Herrschers von Sena gewesen. Es ist nicht klar, was sie dazu veranlaßte, ihm das Essen anzubieten. Aber es steht fest, daß er schon bald nachdem er es eingenommen hatte, seine Kraft und Vitalität wiederfand und auch bald die Erleuchtung erlangte.

Zahlreiche Quellen identifizieren den Ort, wo Shakyamuni die Erleuchtung erreichte, als die Stadt Gaya in Uruvela, nicht weit von Sena entfernt. Deshalb wurde sie später Buddh Gaya genannt und beherbergt noch heute einen Tempel. In ähnlicher Weise erhielt der große Baum, unter dem Shakyamuni saß, als er die Erleuchtung erreichte, den Namen Bodhi-Baum oder Baum der Erleuchtung. Es war ein Baum aus der Gruppe der *ashvattha*, auch als Heilige Bobäume bekannt, die, wie es scheint, in weiten Teilen Indiens wild wuchsen.

Unter einem Baum sitzend zu meditieren, scheint zu Shakyamunis Zeit ein unter indischen Asketen weit verbreiteter Brauch gewesen zu sein. In buddhistischen oder anderen Schriften ist häufig vom Sitzen im ruhigen Schatten eines Baumes und der Hoffnung die Rede, durch Kontemplation das Wesen des inneren Selbst und der letzten Wahrheit zu erfassen. Insbesondere der Bobaum mit seinen sich weit ausbreitenden Wurzeln und dem üppigen Blattwerk wurde lange Zeit als heilig angesehen, und als idealer Schattenspender für das Nachdenken über die Unsterblichkeit. Es ist daher nicht überraschend, daß Shakyamuni sich entschloß, unter so einem Baum die letzte Phase seiner Suche nach der Erleuchtung zu verbringen. Noch heute gibt es in Buddh Gaya einen großen Bo- oder Bodhi-Baum, wenngleich natürlich niemand behauptet, es sei jener, unter dem Shakyamuni gesessen hat. Was ihn anzog, sich gerade unter diesen Baum zu setzen, wissen wir nicht. Asketen sollen in dieser Zeit für ihre Praktiken häufig schäbige Gewänder, *pansukula* genannt, getragen haben, die aus alten Lumpen zusammengenäht waren. Auch Shakyamuni könnte solch ein Gewand getragen haben – es ist allerdings eine reine Vermutung. Es wird berichtet, daß er sich auf einer Strohmatte unter dem Baum niedergelassen habe. Sie war aus weichem *munja*-Gras gewebt und ein Geschenk, das er von einem nahe wohnenden Bauern erhalten hatte.

Die Versuchung durch Mara

So saß Shakyamuni also auf seiner Matte unter dem Bobaum in der Absicht, die Erleuchtung zu erreichen. Er saß in der sogenannten Lotus-Haltung, der üblichen Position für Yoga- und Meditationsübungen. In dieser Position sind die Beine gekreuzt, die Füße liegen auf den gegenüberliegenden Schenkeln, die Sohlen weisen nach oben; die Hände liegen im Schoß, die Linke über der Rechten, die Handflächen weisen nach oben, die Daumen berühren einander. Das galt als die stabilste und beste Sitzhaltung. Das *Mahaprajna-paramitopadesha*, ein Kommentar der *Mahaprajna-paramita Sutra* des großen buddhistischen Philosophen Nagarjuna, der rund sechshundert Jahre nach Shakyamunis Tod lebte, lobt diese Haltung, da sie das größte Maß an Festigkeit und Stabilität darstellt und gewährleistet, daß Hände und Füße unter Kontrolle sind und der Geist nicht wandert – und weil sie „König Mara mit Angst erfüllt".

Diese letzte Begründung führt uns zu dem Dämonen Mara, von dem es in allen Schriften heißt, er habe Shakyamuni in Versuchung geführt, als dieser in der Lotus-Position unter dem Bodhi-Baum gesessen habe. Die Versuchung durch Mara ist von größter Bedeutung für das Verständnis des Buddhismus, denn man sagt, Shakyamuni habe die Erleuchtung erst erreicht, nachdem er die Macht des Dämons und der Armee seiner Gefolgschaft überwunden habe. Dieser ganze Prozeß ist im japanischen Buddhismus unter dem Ausdruck *gōma jōdō*, oder „Sieg über Mara und Erreichen des Zustandes des Buddha-Seins" bekannt.

Glaubt man den Schriften, so war Mara durch den zu erwartenden Triumph Shakyamunis besorgt und sagte zu dem künftigen Buddha: „Dein Gesicht ist ausgemergelt und aschfarben, du stehst am Rande des Todes. Deine Überlebenschance ist eins zu tausend. Du solltest leben, denn nur lebendig ist es dir möglich, Gutes zu tun ... Aber deine Anstrengungen sind vergeblich und nutzlos, denn der Weg zu einem wahren Dharma ist hart, schmerzhaft und unzugänglich."

Mit diesen Worten versuchte Mara zunächst, Shakyamuni einzuschüchtern, und als das mißlang, ging er zur Versuchung über. Diese Episode vermittelt einen guten Eindruck vom Wesen dessen, was wir Mara oder den Bösen nennen. Normalerweise ist man geneigt, den Teufel als ein rätselhaftes und übernatürliches Wesen oder vielleicht mehr als eine Art Märchenfigur zu sehen, aber im Buddhismus ist die Vorstellung von Mara wesentlich anders. Mara wird einerseits als ein Teil des Lebens, der das ganze Universum durchdringt, und andererseits als im Herzen und Geist jedes einzelnen wohnend angesehen. Das wahre Wesen Maras ist es, wie das die gebräuchlichste Anrede, Lebensräuber, ausdrückt, immer tätig zu sein und den Menschen ein für alle Mal der Macht über sein Leben zu berauben. Konkret gesagt, wie das der erwähnte Abschnitt aus den Schriften illustriert, ist Mara jene Kraft, die in dem Menschen aufwallt, der der Erleuchtung zugeht und jede Mühe für dieses Ziel auf sich nimmt, und die versucht, ihn bei diesem Bemühen zu blockieren.

Die buddhistische Philosophie spricht von den *sanshō shima* oder „drei Hindernissen und vier Teufeln". Die vier Teufel oder Maras sind auf Japanisch als Bonnōma, Onma, Shima und Tenjima bekannt. In den Begriffen des täglichen Lebens gesprochen: Bonnōma, der „Teufel der Täuschung", stellt jene Irrtümer oder Fehler dar, die aus unseren Wünschen entstehen und die Vernichtung unseres Körpers mit sich bringen. Onma, der „Teufel der Krankheit", und Shima, der „Teufel des Todes", nehmen uns das Leben mittels der durch ihre Namen bezeichneten Gewalten. Aber der mächtigste von allen ist Tenjima oder der „Königsteufel", der grundlegendes Unwissen repräsentiert, also philosophische Täuschung oder das Nichtverstehen der Wahrheit des menschlichen Lebens.

Aber als diese Teufelsmächte, Mara und seine Armeen, bei Shakyamuni erschienen, blieb er fest und gab nicht einen Zentimeter nach. Der bereits erwähnten Schrift zu-

folge sprach Shakyamuni zu Mara die folgenden Worte: „Freund des Trägen, Böser, du kamst um deiner selbst willen hierher. Ich habe nicht im mindesten Bedarf an irdischen Werten. Mara soll zu denen predigen, die irdische Werte benötigen. Ich habe Glauben, Mut und Weisheit. Warum verlangst du von mir zu leben, von mir, der ich so vertieft bin? ... Je mehr der Körper verfällt, desto gelassener und gefestigter wird mein Geist. Während ich so lebe und dabei die letzte Ebene des Fühlens erreicht habe, ist meinem Geist nicht nach Gelüsten ... Bei der Reinheit meines Daseins! Gelüste sind deine erste Armee, die zweite wird Abneigung genannt. Deine dritte Armee ist Hunger und Durst, die vierte Sehnsucht. Deine fünfte ist Faulheit und Trägheit, die sechste Feigheit. Deine siebte Armee ist der Zweifel, die achte Falschheit und Dummheit. Unehrlich errungener Gewinn, Berühmtheit, Ehre und Ruhm, das Selbstlob und die Überheblichkeit. Das ist deine Armee, Böser. Der Feigling überwindet sie nicht, aber wer sie überwindet, hat das Glück gewonnen. Ich werde Munja-Gras tragen und kämpfen. Ich ziehe es vor, im Kampf zu sterben, als besiegt weiterleben zu müssen. Manche Asketen und Brahmanen, die diesen Kampf führen, sind geschlagen: sie kennen nicht den Weg, den der Tugendhafte, der Gute beschreitet. Wenn ich die Armee überall sehe, dann gehe ich auf Mara zu, der Elefanten aufgeboten hat, um ihn in der Schlacht zu treffen. Es soll ihm nicht gelingen, mich aus meiner Stellung zu vertreiben."
So, wird berichtet, trat Shakyamuni Mara gegenüber und kämpfte wild mit ihm.

Viele Leute könnten in dieser Episode eine spätere Zufügung zur Legende Shakyamunis sehen, die nur ersonnen wurde, um der Beschreibung von Shakyamunis Weg zur Erleuchtung mehr Dramatik zu verleihen. Aber ich glaube, sie tut mehr als das, zeigt sie uns doch das wahre Gesicht Maras oder des Bösen in der Welt. Ich denke, wir sollten diese Auseinandersetzung mit Mara als Beschreibung des Geisteszustandes von Shakyamuni am Vorabend seiner Erleuchtung und seines inneren Aufruhrs ansehen. Wenn jemand daran ist, den Zustand größter Erleuchtung zu erreichen, so darf er nicht abgelenkt werden und sich nicht von den eigenen Gelüsten oder kleinen Wünschen anziehen lassen. Nur wenn er gegen diese Kräfte in sich selbst ankämpft und alle Bemühungen darauf konzentriert, sein Ziel zu erreichen, hat er einige Hoffnung auf Erfolg. Deshalb glaube ich, selbst wenn es heißt, Mara sei „vor Shakyamuni erschienen", wir sollten diese Episode als Beschreibung von etwas sehen, was sich eigentlich in Shakyamunis Geist abgespielt hat.

Angesichts von Shakyamunis eisernem Willen und seiner unerschrockenen Haltung, so heißt es, gab Mara schließlich auf, zog seine Armee ab und erklärte, „Sieben Jahre folgte ich Shakyamuni auf Schritt und Tritt. Ich konnte keinen Zugang zu dem All-Erleuchteten, dem Vorsichtigen finden. Wie eine Krähe, die einen Stein sah, der wie ein Klumpen Fett wirkte, und die ihn für einen guten Bissen hielt, für etwas Süßes und Vorzügliches, die aber schließlich wieder abzog, als sie bemerken mußte, daß an dem Stein nichts Süßes war; wie eine Krähe, die sich über einen Stein hermachen will, wende ich mich von Gautama voll Widerwillen und Enttäuschung ab."

Somit erkannte also Mara, nachdem er Shakyamuni sieben Jahre verfolgt hatte, am Vorabend von dessen Erleuchtung sein wahres Wesen. Wie bereits gesagt, kann man sich Dämonen als das gesamte Universum durchdringend vorstellen, aber hauptsächlich sind sie doch im Bewußtsein der Menschen anzusiedeln. Und nur wenn wir sie in ihrer wahren Form in unserem eigenen Geist erkennen, können wir sie bekämpfen und vernichten.

Daß Mara Shakyamuni am Vorabend seiner Erleuchtung erschienen ist, kann also auch als Shakyamunis Erkenntnis angesehen werden, daß die Dinge so liegen; mit anderen Worten, er erkannte die wahre Form der Dämonen, die in seinem Geist existierten.
Wie die Schriften berichten, erschien Mara Shakyamuni auch immer wieder nach dessen Erleuchtung. Das berühmteste Zusammentreffen fand kurz nach Shakyamunis Erleuchtung statt, als Shakyamuni, voll der Freude über die neugewonnene Wahrheit, sich überlegte, ob er diese neue Wahrheit oder Dharma der Welt predigen sollte oder nicht. In dieser Situation erschien ihm Mara, um ihn mit Zweifeln zu überladen. Wir werden diese Episode noch näher beleuchten, wenn wir zu Shakyamunis erster Predigt kommen. Hier genügt es zu vermerken, daß schließlich die Gottheit Brahma Shakyamuni zu überzeugen versuchte, den Dharma zum Wohle der Menschheit zu predigen, und daß Shakyamuni schließlich zustimmte. Hier können das Auftreten Maras mit seinen Zweifeln und jenes Brahmas mit seinen Bitten dazu dienen, den Prozeß von Zögern und endgültiger Entscheidung zu symbolisieren, wie er in Shakyamunis Geist stattfand.

Was ist Erleuchtung?

Nach seinem Sieg über Mara erreichte Shakyamuni die Erleuchtung. Die Tradition will es, daß das am Ende einer Nacht im „vollen Mond des Vaishakha" stattfand. Der Vollmond von Vaishakha tritt dem Sonnenkalender zufolge zwischen April und Mai ein; deshalb wird in Indien der 8. April als das Datum dieses Ereignisses angesehen. Andererseits wurde im alten indischen Kalender der zweite Monat Vaishakha genannt, so daß manche Leute in Indien daraus den zweiten Monat des heutigen Kalenderjahres gemacht haben und den 8. Februar als das richtige Datum feiern. Die Komplikation endet aber noch nicht an diesem Punkt: Seit es in chinesischen Übersetzungen der Berichte von diesem Ereignis heißt, es habe am „achten Tag des zweiten Monats" stattgefunden, versuchten die Chinesen zu beweisen, daß es sich um den zweiten Monat im chinesischen Kalender handelt. Dem im China des sechsten oder fünften Jahrhunderts vor Christus, der Zeit Shakyamunis, gebräuchlichen Kalender zufolge, würde der zweite Monat dem zwölften des Sonnenmonats entsprechen. Darum wird in China und Japan Shakyamunis Erleuchtung am 8. Dezember gefeiert. In Indien fällt der Vaishakha genannte Monat in den Frühling, es ist daher vermutlich das beste, das Ereignis irgendwann in dieser Jahreszeit anzusiedeln.

Shakyamunis Erleuchtung fand in der Morgendämmerung statt oder, wie das üblicherweise in den Schriften ausgedrückt wird, „als der Morgenstern aufging". In tiefer Meditation saß er unter dem Bodhi-Baum, während die Nacht fortschritt. Mit der aufziehenden Dämmerung gewann das Auge seiner Weisheit hervorragende Klarheit, und als der Morgenstern zu scheinen begann, fühlte er sein Leben wie aufgerissen, und in einem blitzartigen Moment erkannte er die höhere Wirklichkeit der Dinge. In diesem Moment der Erleuchtung wurde er zum Buddha, und der buddhistische Glaube, der so eine unermeßliche Bedeutung für die Geschichte der Menschheit gewinnen sollte, war geboren.

Aber was war dieser Zustand der Erleuchtung, den Shakyamuni erreichte? Die Frage ist nicht so leicht zu beantworten. Aber wenngleich jungen Menschen der heutigen Generation die ganze Vorstellung der Erleuchtung fremd und exotisch erscheinen mag, so glaube ich nicht, daß dieser Zustand so fern von den Erfahrungen in unserem täglichen Leben ist. Und gleichzeitig ist er doch unmöglich in wenigen Worten zu beschreiben. Selbst wenn es in Worten ausgedrückt werden könnte, so gäbe es vermutlich nur wenige Leute, die das sofort begreifen und annehmen könnten. Jeder, der von sich meint, er könne das, muß entweder selbst ein Buddha sein oder ein Mensch von größter Vermessenheit.

Was ich jedenfalls sagen will ist, daß Erleuchtung nichts der gewöhnlichen menschlichen Existenz Fernes oder Fremdes ist. Die buddhistische Philosophie beschreibt das Leben, das die Welt durchdringt, in „zehn Daseinszuständen" (auf japanisch *jikkai)*, von denen jeder die neun anderen enthält, und in den „dreitausend Welten in einem Augenblick des Lebens" (auf Japanisch *ichinen sansen*). Aber sie sagt auch, daß im Geiste jedes einzelnen Individuums genau dieselbe Art von Leben zu finden ist. Das bedeutet, auf Shakyamuni angewendet, daß zu dem Zeitpunkt, da die Dunkelheit der Nacht begann, dem ersten Licht der Morgendämmerung Platz zu machen, der Zustand des Buddha-Seins, der in der Welt existierte, und der Zustand des Buddha-Seins, der seinem Leben innewohnte, sich in harmonischer Gemeinsamkeit fanden und zu vereinter Blüte trieben. Meiner Ansicht nach war Shakyamunis Erleuchtung eine Art wechselseitiger Antwort dieser beiden Zustände des Buddha-Seins.

Diese Art des Aufgehens oder des gegenseitigen Antwortens von Lebenszuständen ist nicht auf Shakyamunis Dasein beschränkt. Jesus scheint eine ähnliche Erfahrung gemacht zu haben, wenngleich das Maß der Erleuchtung bei ihm vielleicht anders war, als bei Shakyamuni. Die Erleuchtung Christi gab ihm den Sinn seines Auftrages und deshalb bedeutet es, in den Begriffen des Buddhismus gesprochen, das Aufgehen eines universellen Zustandes des Bodhisattva-Seins mit dem Zustand des Bodhisattva-Seins in seinem eigenen Geist. Denn das Bodhisattva-Sein ist der Zustand unmittelbar unter jenem des Buddha, der Zustand dessen, der versucht, die gesamte Menschheit zu erretten, bevor er selbst den Zustand des Buddha-Seins noch erreicht hat.

Wir können sogar noch weiter gehen und sagen, daß viele große Denker und Geistesmenschen vermutlich in der einen oder anderen Form die Erleuchtung erfahren haben. Descartes beispielsweise hatte seinen Biographen zufolge am 10. November 1619, als er in einem Dorf am Rhein in Gedanken ausruhte, eine plötzlich aufleuchtende Eingebung, die ihm eine „wundervolle Entdeckung" und eine „herrliche Wissenschaft" verlieh. Der existenzialistische Philosoph des neunzehnten Jahrhunderts, Kierkegaard, soll, in Gedanken verloren wandelnd, eine plötzlich und gewaltig aufleuchtende Einsicht erhalten haben, die sein ganzes Wesen erschütterte.

Im Westen werden solche aufflammenden Einsichten als Offenbarungen bezeichnet, die von einer absoluten und allmächtigen Gottheit verliehen werden. In Begriffen der buddhistischen Philosphie gesprochen werden Menschen wie Descartes oder Kierkegaard als zur Kategorie der *pratyeka-buddha*, der Kategorie unmittelbar unter jener des Buddha und des Bodhisattva, zugehörig angesehen.

Der *pratyeka-buddha*, der auf japanisch als *engaku* bekannt ist, ist ein Mensch, der unabhängig von dem, was ihn andere lehren, im Zuge seiner eigenen Meditationen eine Art Erleuchtung erreicht. Im weitesten Sinn kann also jeder Geistesmensch, der durch Meditationen oder Beobachtungen natürlicher Phänomene ein Prinzip erfaßt oder eine eigene Entdeckung macht, als zur Gruppe der Engaku oder Selbst-Erleuchteten gehörig bezeichnet werden. Newton, der das Gesetz der Schwerkraft entdeckte, als er einen vom Baum fallenden Apfel beobachtete, oder Beethoven, der die Pastorale nach einem Spaziergang durch die Landschaft schrieb, sind Beispiele für Männer dieser Kategorie.

Alle diese Geistesmänner befanden sich in einem Zustand des *samadhi*, also der tiefen Konzentration, als sie ihre Erleuchtung oder Erkenntnis erreichten. Darüber werden wir später noch mehr zu sagen haben; hier möchte ich nur ausführen, daß Erleuchtung in keiner Weise etwas aus dem mystischen Bereich und daher fern der menschlichen Erfahrung und Fähigkeit ist.

Aber wenngleich all diese unterschiedlichen Männer eine Art der Erleuchtung erreichten, gibt es natürlich einen qualitativen Unterschied zwischen der Erleuchtung, die Shakyamuni und andere Männer erfuhren, die das Buddha-Sein erreichten, und der Erleuchtung von religiösen Führern, Philosophen und genialen Menschen. Denker und geniale Menschen erreichen die Erleuchtung in ihrem jeweiligen Interessengebiet, aber die Wahrheiten, die sie dabei entdecken, sind doch begrenzt und fragmentarisch. Sie stellen nicht jene Art von Erleuchtung dar, die sich auf die letzte Wahrheit bezieht und als Antwort auf die grundlegende Lebenskraft des Universums entsteht. Hier liegt der wesentliche Unterschied. Wie groß die von anderen Denkern oder genialen Menschen entdeckten Wahrheiten auch sein mögen, sie sind nicht umfassend, tiefgründig oder grundlegend genug, um das Schicksal und das Leiden des einzelnen, der sie erfaßt, zu verändern. Das durch Erleuchtung erreichte Buddha-Sein ist der einzige Lebenszustand, der eines Menschen Schicksal verändern und ihm eine grenzenlose Zukunft eröffnen kann. Deshalb war Shakyamuni der Wahrheit, als er sie einmal erfaßt hatte, für den Rest seines Lebens verschrieben. Er erreichte eine Erleuchtung der höchsten Stufe.

Der Inhalt von Shakyamunis Erleuchtung

Shakyamuni erreichte also die Erleuchtung, nachdem er viele Jahre der Askese nachgegangen war und nach seinem Kampf mit Mara und dessen Armeen. Er war damals entweder dreißig oder fünfunddreißig Jahre alt, je nachdem, welchen Berichten über das Alter, in dem er ins religiöse Leben eintrat und über die Jahre, die er damit verbrachte, man glauben möchte. Die Schriften verwenden für seine Erleuchtung den Sanskrit-Begriff *anuttara-samyaksambodhi*, was soviel bedeutet wie „perfekte und unübertreffliche Weisheit", eine Art von Weisheit, die das wahre Wesen aller mannigfaltigen Phänomene des Daseins wahrnimmt. Aber was war diese unübertroffene Weisheit genau? Was war das essentielle Wesen der Welt, das er in dieser Nacht unter dem Bodhi-Baum in Buddh Gaya wahrnahm?

In den Schriften finden sich verschiedenste Angaben über den Inhalt seiner Erleuchtung, aber wenn wir sie alle nacheinander untersuchen, so bleibt nur eine große Verwirrung über das tatsächliche Wesen seiner Erleuchtung übrig. Den *Agama*-Sutras zufolge vollzog sich der Prozeß seiner Erleuchtung in drei Etappen, die den drei Wachen der Nacht entsprechen, und er erreichte die perfekte und unübertreffliche Weisheit im Laufe der dritten Wache. Davor soll er die vier Stufen der *dhyana* oder tiefen Meditation durchschritten haben. Die erste Stufe erreicht man, wenn man sich von sinnlichen Objekten und Leidenschaften löst; die zweite ist durch vollständige Konzentration auf den Geist und ein Gefühl der Freude gekennzeichnet; in der dritten wird dieses Gefühl der Freude transzendiert, und man behält nur ein Gefühl der Gelassenheit und des Friedens; und in der vierten erreicht man einen Zustand äußerster Reinheit von Schmerz oder Genuß, Trauer oder Freude.

Diese vier Stufen der *dhyana* wurden unter den Asketen zu Shakyamunis Zeit allgemein praktiziert, und jene, die die dritte und vierte gemeistert hatten, galten als Heilige. Für die Brahmanen und anderen Asketen galten diese vier Stufen als Selbstzweck und wenn jemand alle vier gemeistert hatte, dann meinte man, er hätte das letzte Ziel erreicht. In der Sprache der buddhistischen Vorstellung der drei Welten, der Welt der Gelüste, der Welt der Form und der formlosen Welt, gestatten einem diese vier Stufen der Meditation bestenfalls, die Täuschungen der Welt der Gelüste zu überwinden und in die Welt der Form einzudringen – und deshalb stellen sie keine wahre Erleuchtung dar. Aus diesem Grund setzte Shakyamuni auch, nachdem er diese vier Stufen gemeistert hatte, seine Suche nach der letzten Weisheit fort.

Als er alle vier Stufen der *dhyana* gemeistert hatte, wurde sein Geist klar, rein, makellos, beweglich und wach. So trat er in die erste Wache der Nacht und in die erste Stufe seiner Erleuchtung ein. In dieser Phase, so wird berichtet, konzentrierte er seinen Geist darauf, seine vormaligen Existenzen zu sammeln. Er erinnerte sich seines ersten, zweiten und dritten Lebens und setzte das durch unzählige Äonen der Zeit, durch zahllose Formationen und Zerstörungen des Universums hindurch fort; er erinnerte sich, was sein Name in jeder einzelnen Existenz gewesen war, was er gegessen hatte, was für Freuden und Sorgen er gekannt hatte, was für einen Tod er gestorben und wie er wiedergeboren worden war.

Die Abschnitte in den Schriften, die diesen Prozeß beschreiben, zeigen, daß Shakyamuni ein klares Bild von seinem eigenen Leben in allen seinen Ausprägungen im Laufe der Zeit hatte. Der Doktrin der Seelenwanderung zufolge, die schon seit den frühesten Zeiten des Brahmanismus gelehrt wurde, ist das menschliche Dasein in keiner Weise auf die Gegenwart beschränkt. Unter dem Bodhi-Baum meditierend gewann Shakyamuni alle seine vormaligen Existenzen Stück für Stück wieder und erkannte, daß seine gegenwärtige Existenz das Glied einer ungebrochenen Kette von Geburt, Tod und Wiedergeburt war, die vor unzählbaren Äonen in der Vergangenheit begann.

Das erkannte er nicht in einer Art von Eingebung, und auch nicht in Form eines Konzeptes oder einer Idee. Es war klare und wahrhaftige Wiedergewinnung – nicht unähnlich, wenn auch auf völlig anderer Ebene, den Ereignissen, die tief im Innersten unseres Bewußtseins vergraben sind und an die wir uns plötzlich erinnern, wenn wir extremer angespannt oder konzentriert sind.

Die schriftliche Quelle, der wir bisher gefolgt sind, endet mit den Worten „die Unwissenheit verging und machte der Erkenntnis Platz". Wie man daraus ersieht, sind es die Unwissenheit und die Verirrung, die die Menschen daran hindern, das wahre Wesen ihrer zeitgenössischen Existenz zu erfassen. Als Shakyamuni die Unwissenheit vertrieb und dafür Erkenntnis und Weisheit erhielt, war er fähig, mit äußerster Klarheit die Tatsachen der Existenz und das essentielle Wesen dieser Welt zu erfassen.

Die Lehren Shakyamunis füllen eine unüberschaubare Menge von Büchern und Werken, und in späteren Zeiten wurden sie auch als die „vierundachtzigtausend Lehren“ bezeichnet; sie lassen sich aber letztlich auf eine Aussage reduzieren: Solange ein Mensch in ein Leben der Unwissenheit getaucht ist, wird er immerfort in einer der sechs Welten oder Existenzzustände wiedergeboren werden, durch die nicht-erleuchtete Wesen ständig hindurchgehen. Wenn hingegen jemand die wahre Erkenntnis erreichen kann, die Welt mit dem Dharma-Blick oder der Weisheit Buddhas erfaßt, dann wird er sicherlich dieselbe Wonne der Erleuchtung erfahren wie Buddha, und damit die vollständige Glückseligkeit erreichen. „Ich habe das Selbst erlebt“, meint Shakyamuni, „und deshalb möchte ich, daß ihr alle mir auf diesem Pfad folgt.“

Nachdem er die erste Stufe der Erleuchtung erfahren hatte, setzte Shakyamuni mit der zweiten fort, jener der zweiten Wache der Nacht, in der er die Weisheit über die Zukunft erhalten haben soll: „Ich erhielt das oberste himmlische Auge und erfaßte die ganze Welt wie in einem makellosen Spiegel. Ich sah das Vergehen und Wiedergebären aller Kreaturen, je nachdem, ob ihre Werke tiefer oder höher waren. Jene Lebewesen, deren Taten sündig sind, gehen in die Sphäre des Elends über, jene, deren Tun gut ist, gewinnen einen Platz im dritten Himmel. Mir wurde klar, daß in diesem Fluß von samsarischer Existenz keine Sicherheit zu finden ist und daß die Bedrohung des Todes immer gegenwärtig bleibt.“

Man kann sagen, daß Shakyamuni hier das Gesetz des Karmas erfaßte, das das Leben aller fühlenden Wesen durch Vergangenheit, Gegenwart und Zukunft hindurch bestimmt. Mit „natürlich geöffnetem Blick“ ist zu erkennen, daß alle Menschen zur Seelenwanderung durch die sechs Existenz-Zustände bestimmt sind: die Hölle und die

Welten der hungrigen Geister, Tiere, *asura*-Dämonen, Menschheit und himmlische Wesen. Und dieser Prozeß ist nicht auf die gegenwärtige Welt beschränkt, sondern wiederholt sich unendlich in Vergangenheit und Zukunft. Aber der Mensch, der in seinem kleinen Gerüst eingeschlossen ist, stellt sich der Realität der Seelenwanderung oder der Ernsthaftigkeit seines Schicksals nicht. Oder möglicherweise ist er nur unfähig, sie zu erfassen. Das liegt daran, daß er nicht mit der Erkenntnis eines Buddha ausgestattet ist. Was Shakyamuni tat, war das Überblicken von Tod und Wiedergeburt der lebenden Wesen überall mit dem „göttlichen Auge". So, glaube ich, verbrachte er die zweite Wache der Nacht.

Das Gesetz der Kausalität

Als er nun gesehen hatte, wie die Lebewesen alle dazu bestimmt sind, ständig in den Welten der Vergangenheit, der Gegenwart und der Zukunft wiedergeboren zu werden, trat Shakyamuni in der dritten Wache der Nacht in die letzte Stufe seiner Erleuchtung ein. Er erfaßte die letzte Wahrheit über das Leben und die Welt und vervollständigte damit den Prozeß seiner Buddha-Werdung. Aber was ist diese letzte Wahrheit genau? Über die erste und zweite Wache sind sich die Schriften allgemein einig, aber in den Berichten über Shakyamunis Erfahrung während der dritten Wache herrscht große Uneinigkeit. Ein Bericht spricht von der zwölfteiligen Kausal-Kette, während andere Quellen davon sprechen, es seien die Vier Noblen

Wahrheiten gewesen, oder sie meinen einfach, daß „er höchste Gelassenheit und höchsten Frieden jenseits von hohem Alter, Krankheit, Tod, Angst und Irrungen erreicht habe". Wenngleich also unter den Forschern keine Einigkeit über die Art dieser letzten Stufe seiner Erleuchtung herrscht, so ist doch die Auffassung allgemein verbreitet, daß sie das Gesetz der Kausalität betraf. Das Konzept der Kausalität ist im Sanskrit als *pratitya-samutpada* und im Japanischen als *engi* bekannt, was wörtlich „abhängiger Ursprung" bedeutet. Das Konzept oder Gesetz der Kausalität erklärt den fundamentalen Prozeß, wonach alle Phänomene und fühlenden Wesen des Universums als Folge von Ursachen auftreten oder existieren. Alle Dinge des Universums sind diesem Gesetz von Ursache und Wirkung unterworfen, und folglich kann nichts unabhängig von anderen Dingen existieren oder aus eigener Absicht auftreten. Aus diesem Grunde wird die Theorie der Kausalität auch häufig als die „grundlegende Abhängigkeit der Dinge voneinander" bezeichnet. Es erübrigt sich, darauf zu verweisen, daß dieses Gewebe von Kausalität, das alle Dinge bindet, sowohl zeitlich als auch räumlich ist, und die Dinge nicht nur in ihrer gegenwärtigen Existenz voneinander abhängen, sondern alle Dinge aus Vergangenheit und Zukunft miteingebunden sind.
Schriftliche Berichte von Shakyamunis Erleuchtung enthalten die sogenannte „zwölfteilige Kausal-Kette", und die Theravada-Buddhisten scheinen diese Formel als Shakyamunis Erkenntnis vom Konzept der Kausalität anzuerkennen. Ich bin eher geneigt, darin eine grobe Vereinfachung zu sehen. Wie man sich erinnern wird, hatte Shakyamuni sich für das religiöse Leben entschlossen, weil er eine Lösung für die Probleme suchte, die durch Geburt, hohes Alter, Krankheit und Tod verursacht werden. Die Vorstellung eines abhängigen Ursprungs, die ihm

während seiner Erleuchtung kam, stellt zwar ein universelles Gesetz dar, das solche Probleme zu lösen imstande ist, aber es ist ein Gesetz besonders profunden Inhaltes und subtiler Struktur und deshalb nur sehr schwer in einfachen Worten zu erklären. Um aber auch einfacheren Menschen ein Verständnis zu ermöglichen, schuf er die als „zwölfteilige Kausal-Kette" bekannte Formel.
Die Formel beginnt mit der Frage: Warum leidet der Mensch unter hohem Alter und Tod? Die zwölf Glieder der Kette, die hier in umgekehrter Reihenfolge angeführt sind, lauten wie folgt: (12) Altern und Sterben sind durch die Geburt verursacht, denn ohne Geburt gäbe es keinen Tod. Es folgt die Frage: Wie kommt es zur Geburt? (11) Die Geburt ist durch die Existenz verursacht; (1o) Existenz wiederum ist verursacht durch Zuneigung; (9) Zuneigung ist verursacht durch Begierde; (8) Begierde ist verursacht durch Sinnesempfindung; (7) Sinnesempfindung ist verursacht durch Kontakt; (6) Kontakt ist verursacht durch die sechs Sinnesorgane; (5) die sechs Sinnesorgane sind verursacht durch Name und Form; (4) Name und Form sind verursacht durch Bewußtsein; (3) Bewußtsein ist verursacht durch Karma; (2) Karma ist verursacht durch Unwissenheit. (1) Unwissenheit ist demnach das letzte Glied der Kette, der Quell allen Leidens und aller Qualen. Was Shakyamuni also meint, ist, daß es genügt, daß die Unwissenheit ausgeschaltet werden kann, damit alle Glieder der Kette brechen und selbst Altern und Sterben zu existieren aufhören.
Ich bin geneigt, in dieser Formel nicht mehr zu sehen, als ein Hilfsmittel zur Vermittlung der Wahrheit, daß die Unwissenheit den Menschen daran hindert, glücklich zu werden. Aber ich glaube nicht, daß diese Doktrin, wie sie letztlich in dieser Formel enthalten ist, die Essenz der letzten Wahrheit darstellt, die Shakyamuni am Fuße des Bod-

hi-Baumes erfaßte. Diese letzte Weisheit, die Shakyamuni erkannte, kann meines Erachtens besser als das Gesetz des Lebens bezeichnet werden, die Welt, wie sie ist, im Zustand eines ständigen Wandels.

Wenn wir die Welt um uns leidenschaftslos betrachten, so erkennen wir, daß, was uns auf den ersten Blick wie eine große Stille erscheint, sich in Wirklichkeit in einem Aufruhr von permanenter Schöpfung und fortgesetztem Wandel befindet. Dasselbe gilt für den Menschen: er altert, stirbt, wird wiedergeboren und stirbt neuerlich. In der Welt der Natur wie in der Welt der menschlichen Gesellschaft gibt es nichts, was einen Moment der Stagnation oder der Ruhe kennt. Alle Dinge im Universum sind in ständigem Fluß begriffen, in Aufkommen und Vergehen, Erscheinen und Verschwinden, eingeschrieben in einen endlosen Zyklus des Wandels, der vom zeitlich wie räumlich wirkenden Kausalgesetz bestimmt wird. Das ist das Wesen der letzten Wahrheit. Meiner Meinung nach war Shakyamunis Erleuchtung ein Schrei der Verwunderung über das geheimnisvolle, Leben genannte Dasein, dessen zahllose Ausprägungen alle nach den Regeln von Ursache und Wirkung miteinander verbunden und voneinander abhängig sind.

Aber gewöhnliche Menschen sind sich dieser Wahrheit nicht bewußt und täuschen sich im Glauben, daß sie jeder für sich und unabhängig von den anderen existieren. So eine Verirrung entfremdet sie dem Gesetz des Lebens, das die letzte Wahrheit ist, und führt sie dazu, Gefangene ihrer Gelüste zu werden. Aus den Gelüsten entfließen Leiden, Tragödie und Unglück. Wie dumm und bemitleidenswert die Menschen doch sind! Sie werden von der Unwissenheit geleitet, die eine Form des Übels ist, und es gibt für sie keinen Ausweg, als sich dem Übel, das in ihren Gedanken wohnt, entgegenzustellen.

Solcherart müssen die Gedanken gewesen sein, die Shakyamuni durch den Sinn gingen, stelle ich mir vor – soweit es für einen gewöhnlichen Menschen wie mich überhaupt vorstellbar sein kann. Da er die Erleuchtung erreicht hatte, war er von der Unwissenheit befreit, die andere Menschen mit Blindheit schlägt, und konnte sein Leben in Übereinstimmung mit dem wahren Gesetz des Lebens führen. Was für eine Freude, was für eine Seeligkeit muß er verspürt haben!

Zusammenfassend kann man sagen, was Shakyamuni unter dem Bodhi-Baum erreichte, war ein intuitives Erfassen der Essenz des Lebens. Seine Erleuchtung umfaßte letztlich die Ewigkeit des Lebens und die Doktrinen der zehn Daseinszustände (*jikkai*) und der dreitausend Welten in einem Augenblick des Lebens (*ichinen sansen*), wie in der *Lotus Sutra* beschrieben. Deshalb habe ich es auch als Gesetz des Lebens bezeichnet.

Wenn jedenfalls Shakyamuni versucht hätte, dieses Gesetz des Lebens mit seiner höchst verschlungenen Struktur und seinem Reichtum an philosophischen Spitzfindigkeiten zu lehren, dann hätten ihn einfache Menschen nicht verstanden. Er war sich der Notwendigkeit bewußt, dieses Gesetz allen gewöhnlich Sterblichen, die immer noch Opfer von Qual und Leiden sind, zugänglich zu machen. Seine erste Aufgabe bestand daher darin, sie zu lehren, wie sie ihre Leiden heilen könnten. Also trat Shakyamuni als hervorragender Arzt vor sie und predigte verschiedene Gesetze und Doktrinen anhand der von seinen Patienten vorgeführten Symptome. Seine Lehren wuchsen gemeinsam mit den Erklärungen und Kommentaren seiner Schüler mit der Zeit zu den sogenannten vierundachtzigtausend Lehren an.

Das ist ein wesentlicher Punkt für das Verständnis von Shakyamunis Leben und Persönlichkeit. Natürlich war er als Philosoph und Denker außergewöhnlich. Wenn man die verschiedenen Schriften liest, erkennt man sofort, daß er nicht nur ein Philosoph, sondern auch ein religiöser Führer von unvergleichlicher Größe war. Man kann ihn zu Recht als einen Experten in Menschenführung, als einen großen Erzieher in der Schule des Lebens oder als einen meisterhaften Arzt bezeichnen, der die Krankheiten der Welt heilt. Dieses Bild von ihm sollte man fest im Kopf haben. Wenn nicht, so ist man gefährdet, durch die große Zahl von Quellen, die seine Erleuchtung zum Thema haben, und die große Vielfalt an Interpretationen, die sie anbieten, verwirrt zu werden.

Shakyamuni, der Lehrer

Die Entscheidung, das Gesetz zu verbreiten

Nachdem er die Erleuchtung erreicht hatte, widmete Shakyamuni den Rest seines Lebens dem Predigen des Dharma oder Gesetzes, womit er eine neue Religion in die Welt setzte. Aber wie wir gesehen haben, traf er die Entscheidung, das Gesetz zu verbreiten, erst nach einigem Zögern. Einigen Berichten zufolge hatte Shakyamuni, obwohl er sechs (oder, anderen Berichten zufolge, zehn) harte Jahre mit dem Studium und der Askese zubrachte und schließlich die Erleuchtung erreichte, ursprünglich nicht das Ziel, die Menschheit zu erretten, und so war er sich auch nicht im klaren, ob er nun eigentlich andere das Gesetz lehren sollte. Diese Ansicht scheint aber der allgemein vertretenen Theorie zu widersprechen, daß er sein königliches Heim in der Absicht verließ, die Errettung der Menschheit zu suchen.

Die *Agama*-Sutras berichten in ihrer Beschreibung von Shakyamunis Erleuchtung, er sei eine Zeitlang gesessen und habe einfach die Wonne des Verstehens genossen. Doch dann begann ihn die Frage aufzuwühlen, ob er nun seine neugewonnene Weisheit an andere weitergeben sollte oder nicht. In diesem Augenblick erschienen Mara und Brahma. Anders gesagt, innere Stimmen, die ihm sagten, daß es nicht nötig sei, das Gesetz zu predigen, erschienen ihm in der Gestalt von Mara, aber er überwand sie und vertrieb diese Erscheinung. Dann erfaßte ihn die Absicht, seine Erleuchtung mit allen Menschen zu teilen – das ist es, kann man sagen, was die Schriften mit dem „Flehen Brahmas“ beschreiben.

Meiner persönlichen Meinung nach gab Shakyamuni Heim und Familie nicht so sehr in der bewußten Absicht auf, die Menschheit zu erretten, sondern vielmehr in der Hoffnung, ein festes und fundamentales Prinzip der Wahrheit zu finden. So geht es doch vielen Menschen, oder? Sie machen sich auf, zunächst nur auf der Suche nach der reinen Wahrheit, aber im Laufe der Suche erkennen sie plötzlich, daß sie im Besitz eines wesentlichen Gesetzes oder Lebensprinzipes sind. In der Folge werden sie sich ihrer Mission bewußt, opfern den Rest ihres Lebens und all ihre Kraft der Verkündung des neuen Prinzips und hinterlassen den Namen eines großen religiösen Führers oder eines großen Denkers. Ich glaube, daß auch Shakyamunis Leben im wesentlichen diesem Muster folgte.

Andererseits wäre es sicherlich falsch zu behaupten, er hätte ursprünglich überhaupt nicht an die Errettung der Menschheit gedacht und alle gegenteiligen Behauptungen seien vorwiegend Erfindungen seiner Jünger und Anhänger aus späteren Zeiten. Letztlich zeigt ja schon die Tatsache, daß er seine Familie verließ, um ins religiöse Leben einzutreten, daß er über die Leiden der Menschen beunruhigt war, und sein fortgesetztes Bemühen, eine Lösung für diese Probleme zu finden, deutet bereits auf den Wunsch nach einer universellen Errettung der Menschheit hin.

Wollte man diese Phase in Shakyamunis Leben mit den Begriffen der sogenannten *jikkai* oder den zehn Zuständen der menschlichen Existenz analysieren, so könnte man sagen, daß Shakyamuni, als er glückselig über seine Erleuchtung unter dem Baum saß, sich im Zustand des *pratjeka-buddha* oder des *engaku* befand, dem Wesen, das die Erleuchtung durch sein eigenes Bemühen erreicht, und daß er erst, als er beschloß, das Gesetz zu verbreiten, in den Zustand des Bodhisattva eintrat. Es ist aber doch üblicher, ihn schon in jener Zeit als Bodhisattva einzustufen, als er seine Familie verließ, um der strengen Askese nachzugehen, und die Phase, in der er die perfekte Weisheit gewann, als den Zustand des Buddha zu beschreiben. Die erste Ansicht wurde eher von Anhängern des Mahayana-Glaubens vertreten, die der religiösen Praxis großen Wert beimaßen und die Gestalt des Bodhisattva immer stark betonten. Es genügt nicht, das Gesetz zu gewinnen und zu verstehen; das Entscheidende ist, es in die Praxis umzusetzen, indem man versucht, andere zu erretten, und deshalb ging Shakyamuni, der Sicht der Mahayana zufolge, als er beschloß, das Gesetz zu verbreiten, vom Zustand des *pratyeka-buddha* in jenen des Bodhisattva über.

Ich glaube, es war der Buddhismus-Forscher Fumio Masutani, der meinte, Shakyamunis Zögern, ob er nun das Gesetz predigen solle oder nicht, komme von „der Einsamkeit des wahrhaftig Erleuchteten“. Er allein kannte das Gesetz; kein anderer wußte davon. Und wenn er beginnen würde, es auszulegen, so würden einfache Menschen Schwierigkeiten haben, es zu verstehen und anzunehmen. Im Bewußtsein der großen Diskrepanz zwischen der strahlenden Welt der Weisheit in seinem Inneren und der Welt der Menschheit wurde er von einem Gefühl der Einsamkeit und Abgeschlossenheit überfallen. Deshalb zögerte er.

Der Erleuchtete erleidet Schmerzen, die nur er kennt, denn er allein kennt die Weisheit, die er errungen hat. Alle großen Pioniere und Lehrer der Geschichte haben dieses Problem erlebt. Der Held unter den Menschen ist immer einsam, denn er allein versteht die Wahrheit und seine Pflicht, sie auszulegen. Aber wenn er sich einmal dazu entschlossen hat, wird sich die Welt der Wahrheit aus seinem Inneren dem Rest der Menschheit mitteilen, und zwar in einer Weise, die eine weltweite Antwort erwecken wird. Erst dann wird sein Gefühl der Einsamkeit zerstreut werden.

Das Rad des Gesetzes drehen

Zwischen Shakyamunis Erleuchtung und seiner ersten Predigt in Sarnath, nahe der Stadt Benares, scheinen ein Monat oder mehr verstrichen zu sein. Buddh Gaya, wo er die Erleuchtung erreichte, und Benares liegen rund 200 Kilometer voneinander entfernt, und wenn man diese Strecke auch heute in rund vier Zugstunden bewältigen kann, so muß Shakyamuni zu Fuß doch mindestens zehn Tage unterwegs gewesen sein.
Er zog Benares für seine erste Predigt Magadha vor, weil er sich an die fünf *bhikkhus* oder Asketen wenden wollte, mit denen er vormals der Askese nachgegangen war und die nun in Benares lebten. Wie man sich erinnern wird, waren diese fünf Asketen zutiefst von der Strenge der asketischen Praktiken beeindruckt gewesen, denen sich Shakyamuni unterzogen hatte, und sie hatten darum vorhergesagt, daß er die Erleuchtung erreichen werde. Als Shakyamuni jedoch seine Praktiken aufgab und wieder Speisen zu sich nahm, verurteilten sie ihn für seinen „luxuriösen Weg“ und verließen die Stadt Sena.

Die genaue Identität dieser fünf Asketen ist unbekannt, nur einer von ihnen, Anyatta Kaundanna, ist uns nicht gänzlich unvertraut. Es ist nicht überliefert, warum sie von Sena aus nach Benares gingen. Aber vermutlich hatte Benares im Gegensatz zu Magadha, das als Sammelbecken für Denker mit neuen und originellen Ideen galt, den Ruf einer Stadt mit besonders potenter religiöser und philosophischer Atmosphäre. Der Ort Sarnath außerhalb von Benares, wo Shakyamuni seine erste Predigt hielt, ist als Hirschpark bekannt, weil dort die Hirsche frei herumliefen. Im östlichen Denken meint man vom Hirsch, er treibe sich in der Nähe von Heiligen herum, deshalb wurde der Hirschpark auch bevorzugt von Menschen mit starker religiöser Neigung besucht.

Shakyamuni erfuhr jedenfalls, daß sich seine fünf asketischen Freunde hier niedergelassen hatten und entschloß sich, nach Benares zu reisen, um ihnen zu predigen. Aus den Jahren, in denen sie gemeinsam der Askese nachgegangen waren, kannte er sie gut, und so wollte er zweifellos seine neugewonnene Erleuchtung zu allererst mit ihnen teilen. Er erkannte, daß sie für ihn ein Prüfstein sein würden. Wie großartig die Konzepte auch sein mochten, die er im Kopf hatte, wenn er nicht fähig war, sie in überzeugender Weise Menschen zu erklären, mit denen ihn so eine Vertrautheit verband, dann würde er auch nie imstande sein, die Wahrheit der Menschheit im allgemeinen zu verkünden.

Ich sehe in seinem Entschluß, seine alten Gefährten als Zuhörer für seine erste Predigt zu erwählen, einen Hinweis auf seine große Menschlichkeit. Es wurde auch die Vermutung geäußert, er könnte geahnt haben, daß er auf größeren Erfolg bei der Verbreitung seiner Lehren hoffen durfte, wenn er sich zuerst unter Menschen Jünger machte, die bereits dem religiösen Leben zugewandt waren, und

er sich erst dann daran machte, seine Botschaft direkt an die Masse heranzutragen.
Als Shakyamuni zu den fünf Asketen trat, um seine erste Predigt zu halten, die so eine unglaubliche Bedeutung für sein Leben wie auch für die Geschichte der Menschheit haben sollte, wurde er mit größter Kühle empfangen. Wenn ich die schriftlichen Berichte von diesem Zusammentreffen ein wenig paraphrasieren darf, so meinte ein Asket zum anderen: „Da kommt unser freudenliebender Freund Gautama, der die Askese zugunsten des Luxus aufgegeben hat. Wir brauchen uns nicht zu erheben, um ihn zu begrüßen oder von ihm Almosenschüssel und -kleid entgegenzunehmen. Aber wir wollen ihm einen sauberen Sitz anbieten, und wenn er es wünscht, kann er sich zu uns setzen."
Es ist klar, daß die fünf Asketen zunächst vorhatten, Shakyamuni sehr kühl zu behandeln. Aber, wie die Schriften berichten, wankten sie in ihrer ursprünglichen Absicht, als er ihnen nähertrat, und sie begrüßten ihn mit bemerkenswerter Hochachtung. Trotzdem waren sie überzeugt davon, daß er die Erleuchtung nicht erreicht hatte, und so sprachen sie ihn auf alltägliche Weise an. Shakyamuni soll sie dafür getadelt haben, daß sie sich in solcher Form an einen *tathagata* oder vollendet Erleuchteten gewandt hatten. Und er kündigte ihnen in etwas hochmütiger Form an, daß sie nun, da er die perfekte Weisheit erlangt habe, seinen Lehren zuzuhören hatten. Ich persönlich zweifle allerdings daran, daß er seine Predigerlaufbahn mit so einer überheblichen Haltung begonnen haben soll, aber wir können jedenfalls sicher sein, daß er mit allergrößtem Selbstvertrauen zu seinen Freunden sprach.
Shakyamunis eher hochmütige Erklärung, er habe die Erleuchtung erreicht, überzeugte seine Freunde jedenfalls nicht. Sie fragten ihn vielmehr, ob man von jemandem,

der seine früheren religiösen Askesepraktiken für ein angenehmes Leben aufgegeben habe, überhaupt erwarten könne, daß er die perfekte Weisheit erlange. Shakyamuni bekräftigte seine Behauptung und kündigte an, daß er ihnen nun das Gesetz predigen werde – aber sie hörten nicht auf, Einwände zu machen. Um schließlich der Auseinandersetzung ein Ende zu bereiten, fragte er sie, ob sie ihn je so strahlend und glänzend gesehen oder jemals in dieser Art sprechen gehört hätten. Schließlich ließen sie sich überzeugen und willigten ein, seinen Lehren Gehör zu schenken.

Offensichtlich war in Shakyamunis Auftreten etwas Vertrauenerweckendes und Autoritäres, das die fünf Asketen schließlich aufhorchen ließ und sie überzeugte, daß es doch gut sein würde, seinen Worten zu lauschen. Es ist bezeichnend, daß sie seinen Lehren nun zwar zuhörten, aber zunächst in keiner Weise ihre Zustimmung ausdrückten. Es heißt, Shakyamuni und seine fünf Freunde hätten in Sarnath ein Gemeinschaftsleben geführt, wobei jeweils zwei oder drei den Lehren Shakyamunis von dem Gesetz lauschten, während die anderen für die Gruppe bettelnd umherzogen. Sie waren nun zwar eifrig genug, seine Lehren zu empfangen, aber sie benötigten doch noch etliche Zeit, um sie auch zu begreifen.

Nach einiger Zeit dieses Gemeinschaftslebens erreichte Kaundanna das sogenannte Dharma-Auge, jene Art von Einsicht, die es ihm gestattete, Shakyamunis Lehren zu begreifen; so wurde er zum ersten wahren Schüler des Buddha. Bald erreichten auch die anderen vier, einer nach dem anderen, das Dharma-Auge – damit war der Sangha oder buddhistische Mönchsorden geschaffen.

Was war nun der genaue Inhalt des Dharma oder Gesetzes, das Shakyamuni seinen Jüngern predigte? Es wird allgemein angenommen, daß er vorerst den Weg der Mitte erklärte, der sowohl extremen Hedonismus wie auch extremen Asketismus verurteilt. Nachdem er seine Position in dieser Frage klargemacht hatte, setzte er mit der Lehre der sogenannten Vier Noblen Wahrheiten und des Achtfältigen Pfades fort. Unter den Forschern gibt es einen alten Streit über die Zuverlässigkeit dieser Annahme. Manche meinen, er hätte nur den Achtfältigen Pfad gelehrt, andere wieder sind der Überzeugung, die Vier Noblen Wahrheiten seien die ursprünglichen Lehren des Buddha, der Weg der Mitte und der Achtfältige Pfad hingegen erst spätere Zufügungen.

Wir können nur raten, welche dieser Theorien die richtige ist. Aber ich glaube, man kann mit Sicherheit annehmen, daß Shakyamuni, nachdem er unter dem Bodhi-Baum die Erleuchtung erreicht hatte, lange und wohlüberlegt die genaue Vorgangsweise bedachte, wie er seine Lehren erstmals der Welt vorstellen sollte. Um nun diesen Zustand der höchsten und geheimnisvollen Weisheit so zu erklären, daß ihn auch andere verstehen könnten, mußte er seine Erklärungen auf ein volkstümlicheres Niveau bringen und die Prinzipien der Erleuchtung in Begriffe kleiden, die allgemein verständlich und erfaßbar sein konnten.

Wir wollen einmal von der Annahme ausgehen, daß er tatsächlich zuerst die Vier Noblen Wahrheiten lehrte und können gleich festhalten, daß diese Doktrin besonders realistisch und praktisch ist. Sie beginnt mit der Definition des Problems und erklärt: (1) Alle Existenz ist Leiden und (2) Leiden wird durch selbstsüchtiges Verlangen verursacht. Dann bietet sie die Lösung zum Problem und erklärt: (3) Selbstsüchtiges Verlangen kann zerstört werden und (4) es kann zerstört werden, indem man dem Achtfältigen Pfad folgt. Der Achtfältige Pfad ist eine außerordentlich klare und eindeutige Liste von Prinzipien, die man im

Interesse der eigenen Erlösung befolgen muß, nämlich die Beachtung von (1) rechtem Blicken, (2) rechtem Denken, (3) rechtem Sprechen, (4) rechtem Handeln, (5) rechtem Auskommen, (6) rechtem Streben, (7) rechtem Gedächtnis und (8) rechter Meditation.

Da diese Doktrinen Shakyamunis ausgesprochen einfacher und praktischer Natur waren, können wir annehmen, daß die fünf Asketen sie problemlos begriffen. Deshalb sehen auch die Mahayana-Buddhisten in diesen frühen Doktrinen und den *Agama* Sutras, die von ihnen berichten, eine Form des Gesetzes, das für das Begriffsvermögen der einfachen Menschen adaptiert und abgestimmt ist, um sie auf das Verständnis der höheren Prinzipien des Gesetzes hinzuorientieren. Ich persönlich sehe ja auch die erste Predigt in diesem Lichte, also weniger als eine Annäherung an die Essenz von Shakyamunis Erleuchtung, denn als ein eher einfaches Programm der religiösen Praktik, dessen Aufgabe es ist, die Menschen in Richtung Erleuchtung zu führen.

Die T'ien-t'ai-Buddhismus-Schule in China teilt Shakyamunis Lehren in fünf Perioden. Diese Theorie könnte helfen, die philosophische Distanz zu erklären, die scheinbar zwischen der Essenz von Shakyamunis Erleuchtung und den sehr praktischen Doktrinen liegt, die er in seiner ersten Predigt in Sarnath lehrte. Der T'ien-t'ai-Klassifizierung zufolge hielt Shakyamuni seine erste Predigt gar nicht in Sarnath, sondern in Buddh Gaya, wo er die Erleuchtung erreicht hatte. Diese erste Predigt hätte in der *Avatamsaka Sutra* bestanden, einem erhabenen Werk, das die wahre Essenz von Shakyamunis Erleuchtung widerspiegelt. Seine Zuhörer verstanden jedenfalls nicht, was er ihnen mitteilen wollte, und darum predigte er in Sarnath statt dessen die *Agama* Sutras. Der T'ien-t'ai-Theorie zufolge stellen diese beiden Predigten die ersten zwei der

fünf Perioden der Lehre Buddhas dar, wobei die verbleibenden drei die *vaipulja* Periode, während der er den Großteil der Mahayana Sutras predigte, und die Perioden wären, in denen er die *Prajna-paramita* Sutras beziehungsweise die *Lotus Sutra* predigte.
Wenngleich es für diese Theorie keinerlei historische Sicherheit gibt, entbehrt sie nicht einer gewissen Logik. Als Shakyamuni erstmals beschloß, das Gesetz zu predigen, muß er sich Gedanken über die verschiedenen Wege gemacht haben, wie er den Inhalt seiner Erleuchtung der Allgemeinheit würde vermitteln können. Als eine mögliche Vorgangsweise könnte er das Gedankensystem, wie es in dem *Avatamsaka Sutra* ausgelegt ist, unterteilt haben. Aber als er bemerkte, daß das *Avatamsaka*, mit seinem abstrusen System der tiefen gegenseitigen Abhängigkeit aller Dinge im Bereich des kosmischen Gesetzes dem einfachen Menschen völlig unbegreiflich war, könnte er beschlossen haben, das Problem aus einer anderen Warte anzupacken und es mit einfacheren und praktischeren Worten zu versuchen. Die Lehren des *Agama* Sutras mit seinem stark ethischen und praktischen Element stellen den zweiten Versuch dar, dieses Problem zu lösen.
Aber lassen wir diese Überlegungen beiseite und wenden wir uns wieder dem Gegenstand der ersten Predigt zu, als welche allgemein jene in Sarnath gilt. Tatsächlich war es die Ankündigung an die Welt von der Geburt einer neuen Religion, und deshalb spricht man auch oft von ihr als dem „Ersten Drehen am Rad des Gesetzes“. Im alten Indien gab es die Vorstellung vom idealen Weisen oder Heiligen, der das Rad des Universums kreisen läßt und das oberste Gesetz der Wahrheit auslegt. Der Begriff „das Rad des Gesetzes drehen“ entstammt dieser Vorstellung und beschreibt die Art, in der der Buddha, das vollkommen erleuchtete Wesen, dem Universum und der Menschheit

die höchsten Wahrheiten lehrt. Das Ideal des Chakravartiraja oder „Raddrehenden Königs", von dem bereits die Rede war, entstammt natürlich derselben Vorstellung. Ich frage mich, ob der Begriff des „Raddrehens" nicht auch in gewisser Weise das Aufkommen einer neuen Ära oder einer neuen Gesellschaft symbolisiert. Denn sicherlich wurde mit dem Auftreten Shakyamunis und den von ihm gelehrten Wahrheiten über die menschliche Existenz eine neue Ära in der Geschichte der Philosophie und der Religion eingeleitet.

Shakyamunis Schüler

Wie ging es nach der ersten Predigt und dem Gespräch mit den fünf Schülern mit dem neuen Glauben weiter? In allen Berichten heißt es, daß er in beeindruckender Weise wuchs und gedieh, und einige meinen, nach wenigen Jahren hätte Shakyamuni bereits über tausend Jünger besessen.

Es gibt einige Faktoren, die zu erklären helfen, warum die Zahl der Anhänger dieser Religion so rasch anstieg. Im alten Indien gab es diese Art von Individualismus nicht, wie sie für uns in den heutigen Gesellschaften selbstverständlich erscheint, und wenn also ein Familienvater oder der älteste Sohn zum Buddhismus übertrat, dann folgte ihm üblicherweise die ganze Familie nach. Außerdem war im indischen Volk, wie wir bereits sehen konnten, ein tiefes Interesse an Religion und Philosophie verwurzelt, was insbesonders für die angesprochene Zeit gilt. Wenn also ein junger Mann zu einem Schüler Shakyamunis wurde, so war es selbstverständlich, daß seine Freunde und Bekannten aus Neugierde mitzogen, um Shakyamunis Predigten selbst zu hören. Aus diesen Gründen brachten Shakyamunis erste Jünger auch königliche Familien, wie jene von König Bimbisara, und Händlerfamilien, wie jene des reichen Sudatta, ein.

Nachdem er die fünf Asketen für sich gewonnen hatte, blieben Shakyamuni und seine neuen Schüler eine Zeitlang in Benares. Benares war die Hauptstadt des mächtigen Königreiches Kashi, das nordwestlich von Magadha in Zentralindien lag. Die blühende Handelsstadt lag an einem strategischen Knotenpunkt, beherrschte die Landstraßen ebenso wie die Wasserstraßen und trieb regen Handel mit anderen Staaten. Wie die Hauptstadt Magadhas, Rajagaha, scheint auch Benares eine neue Klasse wohlhabener Händler hervorgebracht zu haben; tatsächlich wurde der Sohn eines reichen Kaufmannes von Benares, Yasa, Shakyamunis erster Schüler nach den fünf Asketen.

Die Geschichte von Yasas Bekehrung ist interessant und nicht ohne Bedeutung für unsere heutige Zeit, denn sie zeigt, daß weltlicher Wohlstand allein die geistigen Bedürfnisse des Menschen nicht befriedigen kann. Yasas Leben vor seiner Bekehrung wird in ähnlich symbolhafter Weise beschrieben wie Shakyamunis frühe Jahre. Auch er wuchs in ausgesprochen luxuriöser Umgebung auf, hatte drei Häuser, eines für die Regenzeit, eines für den Sommer und eines für den Winter. Ständig wurde er von Dienerinnen betreut, die Tage verbrachte er mit Festen, Musik und Tanz.

Aber trotz dieser herrlichen Umgebung kränkelte er leicht, denn er war mit seinem Leben des sinnlichen Genusses nicht zufrieden, und je mehr Fröhlichkeit um ihn herum verbreitet wurde, umso tiefer wurde sein Gefühl der Leere und der Verzweiflung. Schließlich brach er eines nachts von zu Hause aus und machte sich auf die Wanderung, auf der Suche nach geistigem Frieden; in dieser Situation begegnete er Shakyamuni.

Shakyamuni blieb in Sarnath, als er die Seelenqual des jungen Mannes vernahm. Er rief ihn an seine Seite, versicherte ihm, daß er keinen Anlaß zur Pein mehr haben würde und begann, ihm das Gesetz zu predigen. Yasa, der bis dahin nur geistige Leere gekannt hatte, empfing Shakyamunis Worte mit Freude und ließ sich zur neuen Religion bekehren.

Die Wahrheit, die Shakyamuni Yasa lehrte, dürfte auf dem Gesetz des Karmas oder der Kausalität gefußt haben, einem Begriff, der im alten Indien Allgemeingut war. Aus ihm konnte er die buddhistische Vorstellung von Ursache und Wirkung und der Notwendigkeit ableiten, aus dem Kreislauf von Geburt und Tod zu entkommen. Daraus ersieht man recht deutlich, daß Shakyamuni den Bedürfnissen und Fähigkeiten seiner Zuhörer entsprechend lehrte, sich dabei der allgemein anerkannten philosophischen Vorstellungen bediente und den Menschen mit den Worten des Kausalgesetzes beibrachte, wie sie ihr Leben führen sollten. Er verwarf die damals in Indien vorherrschende religiöse Philosophie des Upanishadismus nicht völlig, sondern bediente sich der allgemein anerkannten Vorstellungen dieser Philosophie zur Auslegung seiner eigenen Doktrin. Indem er seine Lehren als die klarste und vernünftigste denkbare Lebenweise darstellte, die den größten allgemeinen Zuspruch finden würde, versuchte er, die Menschen in die Praxis des Buddhismus einzuführen.

Trotzdem gab es natürlich Gelegenheiten, zu denen er den klaren und fundamentalen Unterschied zwischen seinem Gesetz und der Upanishadischen Philosophie aufzeigen mußte. Der große buddhistische Philosoph Nagarjuna ordnete Shakyamunis Predigtmethoden nach vier Typen in Gruppen. Die erste Art bestand darin, gemäß den Wünschen und Bedürfnissen seiner Zuhörer zu predigen; die zweite, gemäß den intellektuellen Fähigkeiten der Zuhörer zu predigen; die dritte, durch Widerlegung und Korrektur der Laster und Irrungen der Zuhörer zu predigen; und die vierte, die letzte Wahrheit zu predigen, sobald die Zuhörer an den Punkt gelangt waren, wo sie imstande waren, sie zu verstehen.

Im Laufe seiner fünfundvierzigjährigen oder fünfzigjährigen Priesterschaft muß Shakyamuni viele Gelegenheiten gefunden haben, alle vier dieser Predigtweisen einzusetzen. Im Falle Yasas scheint es, als hätte er die beiden ersten Weisen eingesetzt, also so gepredigt, daß er die geistigen Wünsche und Bedürfnisse des jungen Mannes traf und seine intellektuellen Fähigkeiten berücksichtigte.

Wie wir gesehen haben, war Yasa von Shakyamunis Worten tief beeindruckt und entschlossen, Mönch zu werden. Sein Eintreten in den buddhistischen Orden erhöhte die Zahl der Schüler auf sechs. Doch damit endet die Geschichte von Yasa noch nicht. Es wird berichtet, daß sein Vater, in Sorge um das Wohl seines Sohnes, ihn suchen kam, dabei Shakyamunis Lehren vernahm, sich ebenfalls bekehren ließ und zu einem weltlichen Gläubigen wurde. Er lud Shakyamuni in sein Haus ein, damit dieser auch zu Yasas Mutter und zu seiner Gemahlin predigen könne, worauf auch diese beiden sich bekehrten. Nun kamen auch Yasas Freunde, die ihn immer schon für seinen scharfen Verstand hoch geachtet hatten, um sein neues Mönchsleben zu bestaunen, und auch sie wurden durch Shakyamunis Lehren bekehrt und traten in den Orden ein. Es heißt, sie seien insgesamt vierundfünfzig gewesen.

Die Geschichte von Yasas Bekehrung illustriert, was für eine tiefe Wirkung der Glaube eines Mannes von Verstand und geistiger Tiefe auf seine Familie und andere junge Leute seiner Generation haben kann. Sie zeigt auch, wie das kleine Grüppchen von Jüngern rund um Shakyamuni begann, zu einer Religionsgemeinschaft von beträchtlicher Größe anzuwachsen.
Nachdem Shakyamuni nun den Grundstein für eine neue religiöse Organisation gelegt hatte, verließ er Benares und ging nach Uruvela, dem Bezirk, in dem er die Erleuchtung erreicht hatte, womit er seine große Reise zur Verbreitung des Glaubens begann. Dazu nahm er aber nicht die Kolonie seiner sechzig oder mehr Anhänger, die sich in Benares um ihn geschart hatten, mit. Vielmehr schickte er seine Schüler einzeln in verschiedene Regionen, um das Gesetz zu predigen, während er zu demselben Zweck allein nach Uruvela reiste. Den Schriften zufolge wies er seine Jünger an, daß es nun, da sie die höchste Form der Erleuchtung erreicht hätten, ihre Pflicht sei, von Region zu Region zu reisen, diese unübertreffliche Lehre zu verbreiten und zum Wohle und Frieden der Menschheit ihren eigenen Weg, die Lehren in die Praxis umzusetzen, zu demonstrieren. Sie sollten nicht in Gruppen von zwei oder drei Leuten umherziehen, sondern allein, so wie er selbst in Uruvela, um so die Lehren einer möglichst großen Zahl von Menschen vermitteln zu können.
Mir scheint, daß uns dieser Auftrag etwas sehr Wichtiges über den fundamentalen Geist des Buddhismus und seiner starken Betonung der Praxis aussagt. Es waren die Pflicht und der Auftrag dieser Männer, die die Lehren Shakyamunis empfangen hatten und in den buddhistischen Orden eingetreten waren, das Gesetz „zum Wohle und zum Frieden der ganzen Welt" allen Menschen zu verkünden. Man könnte sagen, Shakyamuni sei mit sei-

nen Jüngern sehr streng gewesen, als er sie aufforderte, einzeln zum Predigen auszuschwärmen, anstatt sie als Gruppe zu belassen. Aber wir können annehmen, daß er sie durch strenge Disziplin und Indoktrination auf diese schwere Aufgabe vorbereitet hatte. Und ich glaube, daß diese buddhistische Disziplin und Erziehung, der die Mönche unterworfen waren, auch den Schlüssel für die Richtung bietet, die der Buddhismus heute anstreben sollte. Schließlich ist der Buddhismus nicht nur ein philosophisches System und auch keine Religion für Menschen, die ihre Zeit in der Welt stiller Meditation verbringen wollen. Er ist vielmehr eine Religion, die lehrt, daß jeder, der den Weg erkannt und das Wissen gefunden hat, es sich zur Lebensaufgabe machen sollte, das Wissen um diesen Weg unter anderen Menschen zu verbreiten und auf alle fühlenden Wesen auszudehnen. Man darf nicht vergessen, daß es die aktive Glaubenpraxis ist, die den Kern der buddhistischen Religion darstellt. Das war immer so, in der Zeit Shakyamunis ebenso wie in unseren Tagen.
Shakyamunis Auftrag an seine Schüler, lieber allein als in Gruppen auszuziehen, zeigt aber auch die Bedeutung, die er der Fähigkeit jedes einzelnen Gläubigen beimaß, in voller Selbstdisziplin und Selbstkontrolle zu handeln. Für ihn war der aktive und positive Buddhismus bedeutender als der vorwiegend passive. Seine Schüler sollten nicht bloße Empfänger des Gesetzes, sondern kraftvolle Verbreiter der Lehre sein. Jeder einzelne von ihnen sollte das Gesetz auf seine Weise und auf seine eigene Initiative hin lehren, um damit nicht nur die Botschaft unter die Leute zu bringen, sondern auch selbst tieferes Verständnis und tieferen Glauben zu erringen. Diese von Shakyamuni gewählte Vorgehensweise zeigt deutlicher als alles andere den Grad an, in dem der Buddhismus eine typische Religion der Praxis ist.

Die Predigten in Uruvela

Nachdem er sich von seinen Schülern verabschiedet hatte, machte sich Shakyamuni allein auf den Weg nach Uruvela, wo er eine der bedeutendsten Phasen seiner Predigerlaufbahn erleben sollte. Unter den Menschen, die er dort bekehrte, waren einige glühende und einflußreiche Gefolgsleute, die später wesentlich zum Wachstum des Buddhistischen Ordens beitrugen. Unter ihnen waren König Bimbisara von Magadha ebenso wie die berühmten Schüler Shariputra, Maudgalyayana, Mahakashyapa und die drei Brüder des Kashyapa-Clans. Das scheint zu belegen, daß Shakyamunis Predigtbemühungen in Uruvela großen Erfolg hatten, denn er konnte rasch zahlreiche Asketen, nach dem Weg Suchende sowie einflußreiche und bedeutende Männer für seine Lehre gewinnen, die mit der konventionellen Philosophie und Religion ihrer Zeit unzufrieden geworden waren. Aber wenden wir uns einigen der besonderen Episoden zu, die in den Schriften über die Predigttätigkeit in Uruvela festgehalten sind.

Eine der sonderbarsten betrifft die Bekehrung von dreißig jungen Paaren durch Shakyamuni noch während seiner Reise nach Uruvela. Wie die Geschichte berichtet, saß Shakyamuni meditierend in einem dichten Wald, als die dreißig Paare vor ihm auftauchten. Die meisten dieser Paare waren verheiratet, aber eines bestand aus einem Junggesellen und einer Prostituierten. Da sich die Prostituierte mit den Habseligkeiten des jungen Mannes davongemacht hatte, waren alle anderen auf die Suche nach ihr gegangen und dabei auf den Buddha gestoßen. Shakyamuni hörte sich ihre Geschichte an und soll sie dann mit den Worten ermahnt haben. „Statt sich auf die Suche nach ei-

ner Prostituierten zu machen, wäre es nicht besser nach dem eigenen wahren Selbst zu suchen?" Dann lehrte er sie das Gesetz und alle dreißig Paare bekehrten sich.
Die beiden Geschichten von der Bekehrung Yasas und jener der dreißig Paare drücken gleichermaßen aus, in welchem Maß Denker, Asketen und Mönche im alten Indien respektiert wurden. Gleichzeitig zeigen sie, daß Shakyamuni in bewundernswerter Weise jede denkbare Möglichkeit ergriff, um das Gesetz zu predigen und gleichzeitig die unglaubliche Kraft der persönlichen Anziehung unter Beweis zu stellen, die er auf jeden ausübte, mit dem er in Berührung kam.
Jünger wie Yasa oder die dreißig Paare gehörten nicht zu jener Art von Menschen, die in einen religiösen Orden eintreten, weil sie sonst ihren Lebensunterhalt nicht finden können. Wie viele andere Jünger Shakyamunis entstammten sie einer Klasse, die sowohl intellektuell als auch ökonomisch über dem Durchschnitt lag. Das bedeutet natürlich keineswegs, daß Shakyamuni Klassenunterschieden irgendeine Bedeutung beimaß. Er behandelte alle seine Jünger gleich, ungeachtet ihrer Rasse, Kaste, Klasse oder ihres ökonomischen Standes. Der große Anteil an intellektuell hervorragenden und gesellschaftlich prominenten Anhängern, die er um sich scharen konnte, belegt die warme und persönliche Anziehungskraft, die er besessen haben muß und die so eine zahlreiche und enthusiastische Jüngerschaft ermöglichte.
Als er in Uruvela angekommen war, soll Shakyamuni die Konfrontation mit den Anhängern des Brahmanismus, insbesondere mit den berühmten Kashyapa-Brüdern, gesucht haben, die der Jatila-Sekte der brahmanischen Asketen angehörten. Diese drei Brüder, Uruvela Kashyapa, Nadi Kashyapa und Gaya Kashyapa, trugen ihr Haar nach brahmanischer Weise hochgebunden, praktizierten ver-

schiedene Zeremonien und hatten großen Einfluß in der Gegend; sie sollen jeweils fünfhundert, dreihundert und zweihundert Schüler gehabt haben.
Da sie in der Gegend so bekannt waren, ist es sehr wahrscheinlich, daß Shakyamuni bereits früher von ihnen gehört hatte, als er in Uruvela für seine asketischen Übungen in den Wald gegangen war. Aber da sie Agni, den brahmanischen Gott des Feuers anbeteten, hatte er vermutlich nicht das Gefühl gehabt, daß ihre Lehren ihm auf seiner Suche nach der Wahrheit nützlich sein könnten und war daher nicht zu ihren Schülern gestoßen.
Nun jedoch, als Erleuchteter, suchte er die Konfrontation und wollte ihre Doktrinen vom Standpunkt der buddhistischen Lehre aus widerlegen. Auf diese Weise hatte er natürlich auch die Möglichkeit, nicht nur Einzelpersonen zu bekehren, sondern mit ihnen ganze Sekten brahmanischer Gläubiger, und das erleichterte die Verbreitung des Buddhismus in Uruvela natürlich ganz beträchtlich.
Die Begegnung von Shakyamuni und den drei Kashyapa-Brüdern wird als sehr dramatisch beschrieben. Es wird berichtet, daß Shakyamuni, der entschlossen war, den ältesten und einflußreichsten Bruder, Uruvela Kashyapa, als ersten zu bekehren, diesen in seinem eigenen Haus ansprach. Shakyamuni verlangte inbrünstig, man möge ihm gestatten, die Nacht in der Halle des Heiligen Feuers verbringen zu dürfen, die von den Kashyapas gehütet wurde. Man warnte ihn, daß die Halle von einer Teufelsschlange bewohnt sei, die ihm sicherlich etwas antun würde, aber Shakyamuni bestand auf seiner Bitte, und so gewährte man sie ihm. Die Halle war aber tatsächlich von einer Teufelsschlange bewohnt, die erschien und versuchte, Skakyamuni anzufallen. Aber er nahm ihr gegenüber eine Haltung allumfassender Barmherzigkeit und großen Mitleides ein – und es gelang ihm, sie zu unterwerfen.

Als Uruvela Kashyapa am nächsten Morgen erfuhr, was geschehen war, zeigte er sich von Shakyamunis Fähigkeiten tief beeindruckt, blieb aber bei der Überzeugung, daß seine eigenen Fähigkeiten und Leistungen weit überlegen seien. Nun vollführte Shakyamuni verschiedene andere Wunder und bewies seine mystische Kraft so lange, bis er den brahmanischen Meister dazu gebracht hatte, seine Niederlage einzugestehen.

Man könnte seine Zweifel haben, wie wörtlich denn eigentlich solche Berichte zu nehmen sind, die sich auf mystische Fähigkeiten und dergleichen beziehen. Aber ich glaube, was diese Episode darstellen soll, ist, daß Shakyamuni das Eingeständnis der Niederlage seines Rivalen nicht durch irgendeine Überlegenheit in der philosophischen Debatte errang, sondern durch tatsächliche Macht und Kraft als Mann der Religion.

Es wird jedenfalls berichtet, daß Uruvela Kashyapa sich vollkommen geschlagen gab und Shakyamuni bat, auf der Stelle einer seiner Schüler werden zu dürfen. Shakyamuni soll ihn jedoch ermahnt haben, daß er als Führer einer Gruppe von fünfhundert eigenen Schülern einen so bedeutsamen Schritt nicht in dieser Hast entscheiden könne. Darauf beriet sich der brahmanische Meister mit seinen Schülern, und schließlich ließ sich die ganze Gruppe vom Buddha bekehren. Sie schnitten sich die geflochtenen Zöpfe ab und warfen sie gemeinsam mit den Gefäßen und Gerätschaften, die sie für ihre Opferriten gebraucht hatten, in den Fluß. Nun beschlossen auch seine jüngeren Brüder, diesem Beispiel zu folgen, und traten mit all ihren Schhülern zum buddhistischen Glauben über. Somit war also die gesamte brahmanische Sekte, die in Uruvela von so großer religiöser Bedeutung gewesen war und an die tausend Mitglieder gezählt hatte, zu einem Teil von Shakyamunis Orden geworden.

So eine Massenbekehrung, die heute nur schwer vorstellbar wäre, zeigt, wie gewandt und wirkungsvoll Shakyamunis Predigten und Praktiken waren, aber auch, mit welch großem Ernst die alten Inder religiöse und philosophische Auseinandersetzungen verfolgten und wie stürmisch sie bereit waren, sich unter die Führung des in so einer Auseinandersetzung siegreich gebliebenen Führers zu stellen. Schließlich stellt sie auch einen bedeutenden Meilenstein in der Geschichte des Ordens dar, denn Shakyamunis Gruppe wuchs mit einem Schlag zu einem religiösen Körper von beträchtlicher Größe an. Gleichzeitig erleichterte sie die weitere Verbreitung des Buddhismus im Königreich Magadha ganz wesentlich, denn Zahlreiche bekehrten sich hier zum Buddhismus, weil sie die Kashyapa-Brüder so sehr verehrten.
Vermutlich war König Bimbisara, der Führer des Königreiches, unter Shakyamunis Neubekehrten in Magadha der bedeutendste. Wir erinnern uns, wie der König aus der Stadt hinaus zum Fuße der Hügel gegangen war, um Shakyamuni zu begegnen, nachdem dieser durch Magadha gezogen war, und wie er, als er erkannt hatte, daß Shakyamuni durch weltliche Macht oder Reichtümer nicht verlockt werden konnte, den jungen Mann gebeten hatte, sollte er die Erleuchtung finden, zurückzukehren und sich dem König zu offenbaren.
Die zweite Begegnung zwischen Shakyamuni und König Bimbisara dürfte nach der Bekehrung der Kashyapa-Brüder stattgefunden haben. Die Legende berichtet, daß König Bimbisara, als er erfahren hatte, daß Shakyamuni mit seiner neuen Anhängerschaft von tausend Bekehrten in Rajagaha eingezogen sei, sich mit seinen Ministern und Dienern aufmachte, um ihn willkommen zu heißen. König Bimbisara hatte sicherlich bereits erfahren, daß Shakyamuni zum Buddha geworden war und war überglück-

lich, daß der Erleuchtete sein altes Versprechen nicht vergessen hatte. Bei ihrem Treffen ließ sich König Bimbisara von Shakyamuni persönlich belehren und wurde von ihm zum Glauben bekehrt.

Der König vermachte Shakyamuni und seinen tausend Schülern ein als Bambus-Hain bekanntes Landstück, das ihnen als Tempel oder Kloster dienen sollte. Natürlich gab es aber zu diesem frühen Zeitpunkt noch keinerlei formale Gebäudegruppen, wie sie später für die buddhistischen Tempel charakteristisch sein sollten. Das Bambus-Hain-Kloster, das außerhalb der Stadt beim Nordtor lag, war damals vermutlich nicht mehr als ein einfacher Unterschlupf, der die Mönche vor Wind und Regen schützen sollte. Jedenfalls verbrachten Shakyamuni und seine Jünger die meiste Zeit damit, um Almosen zu betteln oder durch das Land zu ziehen; das Kloster wurde daher nur als Raststätte und zur Meditation während der Regenzeit genutzt.

Aber wenngleich das Bambus-Hain-Kloster vielleicht nur eine sehr bescheidene Unterkunft war, so stellte doch seine Existenz ebenso wie die Bekehrung König Bimbisaras, die ja zu dieser Gründung geführt hatte, einen weiteren wichtigen Meilenstein in der Entwicklung des buddhistischen Ordens dar, ja vielleicht sogar einen weiterreichenden als die Massenbekehrung der ehrenwerten Kashyapa-Brüder und deren brahmanischer Anhänger.

Die Gemeinschaft der Schüler

Shariputra und Maudgalyayana

Neben König Bimbisara wurden in Magadha noch zahlreiche weitere Schüler und Gläubige bekehrt, die später von wesentlichem Einfluß auf den buddhistischen Orden sein sollten. Die wichtigsten darunter waren Shariputra, Maudgalyayana und Mahakashyapa, die alle bekehrt wurden, während Shakyamuni in Magadha das Gesetz predigte.

Beginnen wir also mit der Geschichte von Shariputra und Maudgalyayana. Sie entstammten beide brahmanischen Familien aus Magadha und waren von Kindheit an eng befreundet gewesen. Beide genossen sie den Ruf, sehr talentierte junge Männer und ernsthafte Studenten der brahmanischen Tradition zu sein. Als sie aber begannen, mit ihren formalen brahmanischen Studien unzufrieden zu sein, und hofften, eine höhere Wahrheit zu finden, machten sie sich auf die Suche nach einem Lehrer. Zu diesem Zeitpunkt hörten sie von Sanjaya Velatthiputta, einem der sechs nicht-buddhistischen Lehrer in Magadha.

Wie man sich erinnert, war Sanjaya für seinen Nihilismus und seine Skepsis bekannt und dafür, daß er zahlreiche der fundamentalen Prinzipien des Brahmanismus in Frage stellte oder sogar verwarf. Shariputra und Maudgalyayana schlossen sich den rund zweihundertfünfzig Schülern Sanjayas an und bemühten sich, in freundschaftlichem Wettstreit, seine Lehren zu meistern. Binnen kürzester Zeit waren sie zu Sanjayas besten Schülern geworden und es heißt, sie seien sogar bereits als seine künftigen Nachfolger angesehen worden. Aber mit der Zeit wurden sie mit der skeptischen und nihilistischen Philosophie ihres Meisters unzufrieden und machten sich auf, eine positivere und zwingendere Wahrheit zu suchen. Und sie schworen einander, daß der erste von ihnen, der so eine Wahrheit finden sollte, unverzüglich den anderen verständigen würde. Tatsächlich war es dann Shariputra, der den Weg als erster fand.

Während seiner brennenden Suche nach einer höheren Form der Wahrheit kam Shariputra auch mit dem Buddhismus, wenngleich vorerst nicht direkt mit Shakyamuni, in Kontakt. Er traf zuerst auf Assaji, einen Schüler Shakyamunis, der in Rajagaha um Almosen bettelte. Assaji soll einer der fünf *bhikkhus* oder Asketen gewesen sein, denen Shakyamuni seine erste Predigt gehalten hatte. Frühe schriftliche Berichte erzählen, daß Shariputra von Assajis edler Miene und seiner selbstsicheren Haltung so beeindruckt war, daß er ihn fragte, wer denn sein Lehrer sei und was dieser lehre.

Das Zusammentreffen fand am Stadtrand von Rajagaha statt, wo sich Assaji niedergelassen hatte, um sich von seiner Bettelei auszuruhen. Seine Antwort an Shariputra ist von besonderer Bedeutung. Er erwiderte ihm, sein Lehrer sei Shakyamuni, und bescheiden fügte er hinzu, da er selbst erst vor kurzer Zeit dem buddhistischen Orden beigetreten sei, sehe er sich außerstande, ihm eine angemessene Darstellung der Doktrinen seines Lehrers zu vermitteln.

Shariputra antwortete, selbst eine unvollständige Erklärung würde ihm genügen, und er bat Assaji neuerlich, ihm etwas von den Ansichten seines Lehrers zu erzählen. Assaji war schließlich dazu bereit, ihm jenen Teil des Gesetzes widerzugeben, den er verstanden hatte, und er wählte dazu die folgenden Worte:

„Alle Dinge entspringen einer Ursache.
Der Tathagata hat die Ursache erklärt
und auch, wie die Dinge aufhören, zu sein."

Was Assaji mit diesen Worten vermittelte, war natürlich der Kern von Shakyamunis erster Predigt, das Gesetz von Ursache und Wirkung, von Ursprung und Aufhören. Aber was einem an diesem Ereignis auffällt, ist die äußerste Ehrlichkeit und Anständigkeit, die Assajis Haltung ausdrückt. Ein Mann von geringerem Format hätte sicherlich versucht, dem Fragesteller das Gesetz auszulegen, selbst wenn sein eigenes Verständnis dafür nicht ausreichte. Aber Assaji verzichtete aus Hochachtung vor den Lehren des Buddha und aus Angst, womöglich einen fehlleitenden oder irrigen Eindruck zu vermitteln, darauf, lange zu reden. Denn schließlich ist das Gesetz ja nicht etwas, was man sofort zu begreifen imstande ist, sobald man nur ins Kloster eingetreten oder zum Mitglied der buddhistischen Gemeinde geworden ist. Wie diese Episode zeigt, muß man eine lange Zeit für das Studium und die Disziplin aufwenden, bevor man das Gesetz wirklich beherrschen kann.
Der zweite wichtige Punkt an diesem Ereignis ist die Tatsache, daß Shariputra, weise und klarsichtig wie er war, nicht durch die Zurschaustellung von Assajis Eloquenz oder Intelligenz angezogen wurde, sondern durch einen Hinweis auf dessen Heiligkeit und tiefen religiösen Glauben, die seine Haltung offensichtlich ausstrahlte. Das gibt uns,

glaube ich, einen Hinweis auf die Haltung, die jene annehmen sollten, die sich bemühen, das Gesetz zu verbreiten.

Assaji scheint, obwohl er noch Novize war, einen ziemlich korrekten Begriff von der Kausalitäts-Theorie, dem Gesetz von Ursprung und Aufhören gehabt zu haben; und das klare Verständnis dieses Gesetzes und der Wahrheit des Lebens kann man als den Grundpfeiler der buddhistischen Philosophie bezeichnen. Als Shariputra Assajis Auslegung des Gesetzes von Ursprung und Aufhören gehört hatte, soll er sofort die Größe von Shakyamunis Doktrin begriffen und erkannt haben, daß er hier endlich die Wahrheit finden würde, die er gesucht hatte.

Wie wir gesehen haben, war Shariputra ein junger Mann von klarem Verstand und philosophischer Erkenntnis, und er scheint bereits, als er Assaji zum ersten Mal erblickte, eine dunkle Ahnung von der Größe des Gesetzes gehabt zu haben. Als er nun Assajis eher kurzer Erklärung lauschte, öffnete sich sein Geist, und er erreichte eine Art von Verständnis. Wie wir durch spätere Ereignisse sehen werden, war er, was man im technischen Sprachgebrauch des Buddhismus einen *shravaka* nennt, also jemand, der imstande ist, die Erleuchtung allein durch das Zuhören bei einer Erklärung der Prinzipien des Gesetzes zu erreichen. Es ist daher kein Wunder, daß er später unter Shakyamunis wichtigsten Schülern als „Erster an Weisheit" bekannt war.

Nach seinem Zusammentreffen mit Assaji berichtete Shariputra wie vereinbart zu allererst seinem Freund Maudgalyayana, was er erlebt hatte. Auch Maudgalyayana war fähig, die Größe des Gesetzes zu erkennen, und so beschlossen sie beide, Jünger Shakyamunis zu werden. Aber als führende Schüler Sanjayas waren sie von ihrem Meister mit der Überwachung von zweihundertfünfzig seiner Schüler beauftragt, und deshalb wurde es notwendig, daß sie ihren Entschluß mit den Studenten besprachen. Als sie das taten, sollen alle zweihundertfünfzig gebeten haben, ebenfalls Jünger des Buddha werden zu können. Als Sanjaya erfuhr, was im Gange war, tat er alles, was er konnte, um die beiden jungen Männer von ihrem Entschluß abzubringen und ihr Weggehen zu verhindern, aber sie ließen sich ebensowenig umstimmen, wie die zweihundertfünfzig Schüler. Dadurch wurde Sanjaya auf einen Schlag seiner gesamten Gefolgschaft beraubt, und seine gesamte Sekte ging mit Ausnahme ihres Führers zum buddhistischen Glauben über.

Das war natürlich ein Ereignis von unglaublicher Bedeutung, stellte es doch den Zusammenbruch einer gesamten Schule dar, noch dazu einer Schule, die in der intellektuellen Welt dieser Zeit großes Ansehen genossen hatte. Es signalisierte das Hervortreten einer neuen Denkschule, die ihren Platz neben den Lehren der sechs nicht-buddhistischen Lehrer einnahm und den Menschen dieser Zeit die Augen dafür öffnete, daß mit dem Kommen einer mächtigen neuen religiösen Philosophie zu rechnen sei. Forscher der buddhistischen Geschichte messen der Bekehrung Shariputras und Maudgalyayanas große Bedeutung zu. Vom Standpunkt der Geschichte des Intellektes aus beweist sie, daß der Buddhismus in der Lage war, die nihilistischen und skeptischen philosophischen Trends dieser Zeit zu widerlegen und bei den Menschen große Zustimmung zu finden. Der Buddhismus wird häufig fälschlich als resignative oder nihilistisch-verweigernde Religion betrachtet, aber die Bekehrung von Shariputra und den anderen Anhängern Sanjayas zeigt, daß sich das für die Menschen dieser Zeit völlig anders darstellte.

Es ist diesbezüglich auch wichtig, sich in Erinnerung zu rufen, daß es die Unzufriedenheit mit Sanjayas Skeptizismus war, die Shariputra und Maudgalyayana dazu veranlaßte, woanders zu suchen, und sie schließlich zum Buddhismus brachte. Ihre Bekehrung ist auch deshalb von Bedeutung, weil sie später maßgeblich an der Entwicklung und Systematisierung der theoretischen Basis des buddhistischen Ordens mitwirkten. Shakyamuni selbst schätzte sie besonders, und sie hatten außergewöhnlich großen Anteil am Wachstum der neuen Religion. Manchen Berichten zufolge prophezeite Shakyamuni, als Shariputra und Maudgalyayana mit ihren zweihundertfünfzig Schülern auftauchten und um Aufnahme baten, daß diese beiden Männer zu seinen vordersten Schülern werden würden. Er scheint ihre hervorragenden Qualitäten intuitiv gespürt zu haben, und tatsächlich setzte er in sie so große Erwartungen, daß die anderen Schüler eifersüchtig wurden.

In Zusammenhang mit der buddhistischen Widerlegung des Nihilismus ist es interessant, die Anekdote anzuführen, die beschreibt, wie Shariputra das Dharma-Auge, die Erleuchtung eines *shravaka*, erlangte. Dem Bericht zufolge geschah das, als Shariputra eben Shakyamuni lauschte, wie dieser einem mit Shariputra befreundeten Brahmanen einen Vortrag über den Skeptizismus hielt. Der Brahmane, der ein Skeptiker war, meinte, da alle Wahrheit essentiell relativ sei, könne es keine absolut objektive Wahrheit geben und daher seien auch Denken und Philosophie völlig subjektiv. Shakyamuni erwiderte, diese Ansicht sei in sich widersprüchlich, denn wenn man behaupte, daß alle Wahrheit subjektiv oder relativ sei, setze man damit bereits eine absolute Basis beziehungsweise ein Beurteilungskriterium.

In dieser klaren und überzeugenden Weise widerlegte Shakyamuni nicht nur die Behauptungen der Skeptiker, die damals so sehr in Mode waren, sondern wies damit auch bereits deutlich auf den wesentlichen Zugang und die Sichtweise des Buddhismus zu dieser Frage hin. Shariputra, der diesem Diskurs als Außenstehender beiwohnte, erreichte an diesem Punkt die Erleuchtung, der brahmanische Skeptiker aber, wie man vermuten wird, wurde bekehrt.

Wenn ein neues Denksystem aufkommt, so kann es sich natürlich nicht allein auf die Auslegung der eigenen Ideen gründen, sondern muß auch jene der älteren oder volkstümlicheren Doktrinen seiner Zeit widerlegen, und das war es, was Shakyamuni nun tat. Daß er nun einen wahrhaftigen „Krieg der Ideen" führte, erkennt man an der Tatsache, daß zahlreiche der Neu-Bekehrten, wie eben die Kashyapa-Brüder, Shariputra und Maudgalyayana, zu den führenden Intellektuellen ihrer Zeit zählten.

Aber man konnte nicht erwarten, daß Shakyamuni Gegenangriffe seiner Widersacher erspart bleiben könnten. Auf die Tatsache verweisend, daß einflußreiche Brahmanen und vielversprechende junge Männer sich in wachsender Zahl zum Buddhismus bekehrten, klagten sie Shakyamuni an, er würde „Eltern ihre Söhne und Frauen ihre Männer entziehen und damit die Zerstörung der Familie verursachen". „Alle jungen Männer aus gutem Haus in Magadha haben sich dem buddhistischen Orden angeschlossen!" schrien sie aufgeregt und fragten sich, wer Shakyamunis nächstes Opfer sein würde, war es ihm doch gelungen, selbst dem großen Sanjaya alle Schüller abspenstig zu machen.

Die Geschwindigkeit, mit der sich der Buddhismus in Magadha ausbreitete, verursachte zweifellos ein erhebliches Maß an aufrichtiger Besorgtheit unter den einfachen Menschen, insbesondere unter jenen, die den alten Religionen anhingen und die darin eine Bedrohung für die konventionelle Gesellschaftsform und sogar für die Institution der Familie erblickten. Es erübrigt sich zu betonen, daß der Buddhismus natürlich keine solche finstere Gefahr für die Gesellschaft darstellt. Er ruft tatsächlich zu einer grundlegenden geistigen Reform auf, aber gleichzeitig und durch diese Reform strebt er die Errichtung einer besseren Gesellschaft und eines stärkeren Zusammengehörigkeitsgefühls der Familien an. Aber für viele Menschen aus Shakyamunis Zeit, die sich mehrheitlich damit begnügten, nach dem äußeren Schein zu urteilen, war es offensichtlich, daß Shakyamunis Jünger-Rekrutierung für das Familienleben und die Institution der Familie eine schwere Bedrohung darstellte, und dafür wurde er angegriffen und verleumdet.

Shakyamuni soll diese Kritik beiseite geschoben und als ein temporäres Phänomen bezeichnet haben, dem er nur wenig Aufmerksamkeit schenkte. Wie er es vorhergesagt hatte, erloschen die Anschuldigungen gegen den Buddhismus mit der Zeit tatsächlich, und man begann, ihn als wahrhaftig großen Religionsführer anzuerkennen. Aber dieser Prozeß dauerte viele Jahre. Das wahre Gesetz sieht sich immer einem bestimmten Maß an blinder Opposition und übler Nachrede gegenüber. Dafür daß Shakyamuni das Gesetz predigte, wurde er sein Leben lang von vielen als der wahrhaftig Erweckte geehrt, aber er wurde ebenso dafür von vielen kritisiert und bekämpft. Seine sogenannten Neun Großen Prüfungen, von denen wir später noch mehr hören werden, wurden, wenn auch nur indirekt, von der Feindseligkeit und Eifersucht seiner Kritiker verursacht. In den fünfundvierzig Jahren seiner Priesterschaft wurde er von seiner Umgebung häufig mißverstanden und mit Vorurteilen bedacht. Aber trotz aller Mißverständnisse und Hindernisse setzte er seine Bemühungen fort, wodurch es ihm letztlich gelang, den Buddhismus auf das Niveau einer Weltreligion zu erheben.

Mahakashyapa

Unter Shakyamunis zehn wichtigsten Schülern ist Mahakashyapa besonders berühmt. Er war als ein strenger und unnachgiebiger nach dem Weg Suchender bekannt und galt unter Shakyamunis Jüngern als „Erster in der asketischen Praxis". Es sollte an dieser Stelle erwähnt werden, daß Shakyamuni, so sehr er die strenge Askese, die so viele Religiöse seiner Zeit vertraten, ablehnte, die Praxis der Dhuta gut hieß. Die Dhuta ist eine milde Form der Askese und sieht etwa Beschränkung beim Essen, Beschränkung bei der Bekleidung oder das Leben von Almosen vor – und in diesen asketischen Praktiken war Mahakashyapa außergewöhnlich sorgfältig. Nach Shakyamunis Tod präsidierte er das erste Konzil, beaufsichtigte die Erstellung des ersten buddhistischen Kanons und nahm somit im frühen Orden eine Führungsrolle ein. Bevor er Shakyamuni getroffen hatte, scheint er, wie so viele der frühen Schüler Shakyamunis, ein Anhänger des Brahmanismus gewesen zu sein. Es wird allgemein angenommen, daß er während Shakyamunis Priesterschaft in Magadha bekehrt wurde, wenngleich der genaue Zeitpunkt nicht bekannt ist. Den Namen Mahakashyapa erhielt er erst, nachdem er zum buddhistischen Orden gestoßen war, wobei die Vorsilbe Maha, die „groß" bedeutet, seinem Namen angefügt wurde, um ihn von den drei Kashyapa-Brüdern aus Uruvela zu unterscheiden.

Es gibt viele Anekdoten über Mahakashyapa, wobei die meisten mit seiner sprichwörtlichen Strenge und Unnachgiebigkeit zu tun haben. Im Orden wurde er wegen seiner extremen Strenge mit großem Respekt behandelt, aber auch von manchen kritisiert. Einem Bericht zufolge bot er Shakyamuni, als er den Zustand der Arhat oder Heiligkeit

erreicht hatte, zum Zeichen seiner Demut sein Kleid und erhielt im Tausch dafür Shakyamunis altes Kleid. Nun trug er Shakyamunis bereits abgetragenes Kleid, bis es nur mehr aus Fetzen bestand. Diese Begebenheit zeigt wie andere auch, daß er ein Mann von größter Aufrichtigkeit und Anständigkeit war, aber es fällt nicht schwer, sich vorzustellen, warum andere Mönche, die seine Beweggründe, in Lumpen herumzuziehen, nicht billigten, ihn mit Verachtung behandelten.
Eine andere Episode betrifft die tadellose Art, wie er um Almosen bettelte. Das Almosenbetteln verfolgte eine zweifache Absicht: einerseits stillte es die täglichen Bedürfnisse der Ordensmitglieder, und andererseits bot es dem Laien die Möglichkeit, religiöse Verdienste zu erwerben und über die Gaben eine Verbindung mit dem Buddha herzustellen. Die ethischen Prinzipien, die dieser Praktik zugrunde lagen, sahen vor, daß die Ordensmitglieder ohne Unterschied jede Speise zu sich nehmen mußten, die ihnen von anderen angeboten wurde. Aber als menschliche Wesen, die sie ja waren, fanden sie mitunter die Speisen, die ihnen von Armen angeboten worden waren, alles andere als appetitanregend. Das kann man sich leicht vorstellen, wenn man sich erinnert, daß viele der jungen Mönche Söhne aus besseren Familien waren. Das Ergebnis war, so wird berichtet, daß sie die Tendenz hatten, vor den Häusern der Reichen sehr langsam und in einer Weise zu gehen, daß man auf sie aufmerksam werden mußte, während sie an den Häusern der Armen äußerst rasch vorüber waren. Mahakashyapa war hierin jedoch eine Ausnahme, hielt Wort und Geist der Lehren Buddhas hoch und bettelte in derselben demutsvollen Weise und ohne Unterschied vor den Häusern der Reichen wie vor jenen der Armen.
Gestrenge und anständige Männer wie Mahakashyapa

werden im allgemeinen, wenn man ihre Motive begreift, mit dem angemessenen Respekt behandelt. Aber wenn ihre Motive nicht gänzlich einsichtig sind, so sind sie meistens dem Unverständnis und der Eifersucht ausgesetzt, und hierin war Mahakashyapa keine Ausnahme. Ein weiterer Grund für die Frostigkeit oder sogar Feindseligkeit, die Mahakashyapa entgegengebracht wurde, lag vermutlich in seiner mangelnden Stärke als Verkünder des Gesetzes. Ich habe das Gefühl, daß Mahakashyapa sich nicht wie etwa Shariputra oder Maudgalyayana als brillanter Theoretiker der neuen religiösen Organisation auszeichnete, sondern durch die Intensität und die Hingabe, mit der er Shakyamunis Lehren nachstrebte und sie verwirklichte. Daher war er auch überhaupt nicht beliebt, aber er war doch in Belangen der Verwaltung, der Aufsicht und der Formulierung der Praktiken für den Orden völlig unersetzlich. Und es ist sicherlich kein Zufall, daß er, wie bereits erwähnt, nach Shakyamunis Tod eine führende Rolle in der Leitung des Ordens spielte.

Shakyamuni selbst schätzte Mahakashyapa besonders hoch, obwohl er natürlich wußte, daß dieser bei den anderen Schülern auf Kritik, Eifersucht und auch Gehässigkeit stieß. Die Legende berichtet, daß Shakyamuni eines Tages alle Jünger zusammenrief, um Mahakashyapa gegenüber der ansteigenden Kritik, die gegen ihn laut wurde, in Schutz zu nehmen. Um seine hohe Wertschätzung für ihn zu dokumentieren, soll er mit ihm während dieser Unterredung seinen Sitz geteilt haben. Und den Berichten zufolge war Mahakashyapa der einzige Mensch, dem diese Ehre, den Sitz mit Shakyamuni zu teilen, je widerfuhr. Diese Begebenheit zeigt das große Vertrauen, das Shakyamuni in Mahakashyapa setzte, und daß er wollte, daß man Mahakashyapa seine eigenen guten Eigenschaften ungestört entwickeln lasse.

Shakyamuni erkannte die unterschiedlichen Charaktere seiner Schüler, insbesondere der sogenannten zehn wichtigsten Schüler, und als er sie für die Verbreitung des Gesetzes führte und erzog, gestattete er jedem einzelnen die volle Entfaltung seiner Fähigkeiten und Talente. Daraus können wir ersehen, wie groß seine Menschenkenntnis und seine Führungsfähigkeit waren.

Die Anekdote von Mahakashyapa zeigt auch eine wesentliche Facette des Buddhismus. Denn tatsächlich strebt dieser Glaube nicht danach, ein fixes Idealbild des Menschen zu schaffen, dem sich alle anzupassen hätten. Vielmehr ermutigt er seine Anhänger, im Sinne eines grundlegenden Missionsgedankens, die volle Palette ihrer individuellen Fähigkeiten und Eigenschaften zu entwickeln.

Neben Mahakashyapa und den anderen wichtigen Schülern wurde eine ganze Reihe von Menschen in Magadha zum Buddhismus bekehrt, darunter Dorfvorsteher, Familienoberhäupter, Söhne wohlhabender Bürgerlicher und Frauen. Vermutlich wurden diese Leute vom Beispiel des Königs Bimbisara, der Kashyapa-Brüder und der Schüler des Sanjaya zum Übertritt bewegt.

Die Lehren Shakyamunis sorgten zweifellos für einige Bewegung in Magadha und erweckten das Königreich zu einer neuen Art geistigen Aufruhrs und Wunders. Wir haben bereits auf die zweite Begegnung zwischen König Bimbisara und Shakyamuni verwiesen, als der nunmehrige Buddha in Begleitung der Kashyapa-Brüder in Rajagaha einzog. Es wird berichtet, daß die Minister und der Hof des Königs eigentlich dachten, Shakyamuni sei ein Schüler der Kashyapa-Brüder, und daß sie sehr erstaunt waren, als sie erfuhren, daß es sich genau entgegengesetzt verhielt. Shakyamunis Erscheinen muß dem Volk einen machtvollen Eindruck gemacht und sie überzeugt haben, daß eine neue Religion im Aufwind war, die eines Tages die Religionen der Vergangenheit verdrängen würde. Diese Atmosphäre der Erwartung und des Wandels war der Verbreitung des Glaubens natürlich sehr förderlich und erleichterte die allgemeine Aufnahme des Buddhismus durch das Volk des Königreiches.

Sudatta

Die Schüler und die bekehrten Laien, die zu Shakyamunis Lebzeiten seiner Lehre folgten, kamen aus allen Bereichen und allen Klassen der indischen Gesellschaft. Innerhalb der Sangha, des buddhistischen Ordens, wurden sie ohne Ansehen ihrer Stellung in der weltlichen Gesellschaft behandelt. Trotzdem scheinen bestimmte Kasten oder Klassen in der Verbreitung der buddhistischen Lehre eine besondere Rolle gespielt zu haben, insbesondere die Mitglieder der Kshatriya- oder Kriegerklasse und der Klasse der reichen Kaufleute. Die Kaufleute, die zu dieser Zeit einen großen Aufschwung in ihrer gesellschaftlichen Bedeutung erlebten, scheinen von der neuen Religion besonders angezogen gewesen zu sein. Sie waren mit der Starre der alten sozialen Ordnung unzufrieden und strebten nach größerer Bewegungsfreiheit und der Möglichkeit, in persönlichen und gesellschaftlichen Angelegenheiten mehr Initiative zu entfalten. Darum hießen sie den Buddhismus willkommen, der in seiner Liberalität und Geschmeidigkeit so anders war, als der starre Konventionalismus des Brahmanismus, und deshalb machten sie ihn zur neuen geistigen Basis ihres Lebens.

Es sollte erwähnt werden, daß der Buddhismus geschäftliche Aktivitäten seiner Laien-Mitglieder nicht nur duldet, sondern die positive Bedeutung solcher Tätigkeit sogar besonders unterstreicht. Die Gläubigen, die ihre Familien verließen und Mönche wurden, gaben alle diese Tätigkeiten natürlich auf und lebten als wandernde Mönche, aber jene, die in der weltlichen Gesellschaft verblieben, wurden ermutigt, Handwerk und Landwirtschaft auszuüben, um ihre Familien und ihre Angehörigen zu erhalten. Der Buddhismus vertritt die Ansicht, daß zwar die fundamentalen Wahrheiten der Religion auf einer völlig anderen Ebene liegen, als die täglichen gesellschaftlichen und geschäftlichen Verrichtungen, daß letztere aber notwendig sind, um das Wohlergehen der religiös Aktiven zu sichern. Und wie wir gesehen haben, übte der Buddhismus tatsächlich auf eine besonders aktive gesellschaftliche Gruppierung großen Einfluß aus, nämlich auf die wohlhabenden Kaufleute, die in dieser Zeit des raschen gesellschaftlichen Wandels einen atemberaubenden Aufstieg erlebten.

Einige Kapitel früher haben wir den berühmtesten der dem Buddhismus folgenden und unterstützenden Kaufleute, Sudatta, erwähnt. Er lebte in Savatthi in Koshala, dem mächtigen nordwestlichen Nachbarstaat, der Shakyamunis Heimatstaat beherrschte. Seine Bekehrung fand allerdings in der Stadt Rajagaha in Magadha statt.

Den Berichten zufolge hielt er sich, möglicherweise auf einer Geschäftsreise, in Rajagaha im Hause eines wohlhabenden Kaufmannes auf. Dieser befreundete Kaufmann hatte sich bereits zum Buddhismus bekehrt und hatte offensichtlich Shakyamuni und seine Jünger für den darauffolgenden Tag zu sich nach Hause eingeladen. Sudatta beobachtete die geschäftigen Vorbereitungen, die durch die Familie und die Bediensteten seines Freundes getroffen wurden, erkundigte sich, was für ein Gast denn erwar-

tet werde und erhielt von seinem Freund die Antwort: „Morgen früh kommt ein Buddha."
Das Wort „Buddha" versetzte Sudatta in Staunen. Denn Sudatta war nicht nur für seinen großen Reichtum bekannt, sondern auch als besonders großzügiger Wohltäter, dem man den Namen Anathapindada, „Unterstützer der Bedürftigen", für seine Spenden an die Armen gegeben hatte. Als eindeutig religiöser Mensch mußte er also von der Botschaft, daß ein Buddha, ein Erleuchteter, das Ideal des indischen religiösen Denkens, am nächsten Tag in demselben Haus erscheinen sollte, in dem er wohnte, einigermaßen betroffen sein. Tief bewegt erwartete er ungeduldig das Ende der Nacht, und als der Morgen graute, verließ er eilig das Haus und eilte in den Hain, in dem Shakyamuni meditierend saß. Shakyamuni soll ihm nun gepredigt haben, worauf Sudatta beschloß, ein Anhänger der neuen Religion zu werden.
Sudattas Bekehrung ist deshalb von größter Bedeutung, weil man annimmt, daß sie die Verbreitung des Gesetzes im Staat Koshala erst ermöglicht hat. Er vermachte dem buddhistischen Orden später in Savatthi einen Park und ein Kloster. Es war auf Land gebaut, das er dem künftigen Herrscher von Koshala, Prinz Jeta, abgekauft hatte und das als das Jetavana *vihara* oder Kloster bekannt wurde. Dieser Ort, der auf japanisch zu Gion-shōja wurde, ist in der japanischen Literatur wohlbekannt, spricht doch die berühmte Anfangspassage der *Heike-Sage* davon, daß die Glocken von Gion-shōja die Vergänglichkeit des Lebens läuten. Ich glaube, es wäre haarspalterisch, darauf zu verweisen, daß manche Forscher der Meinung sind, daß in buddhistischen Klöstern zu Shakyamunis Zeiten keine Glocken verwendet wurden.

Shakyamunis Reise nach Kapilavastu

Die Bekehrung des reichsten Mannes von Koshala, Sudatta, muß auch in den anderen Staaten für beträchtliche Unruhe gesorgt haben, insbesondere natürlich in Shakyamunis Geburtsland, dem Königreich der Shakyas, das ja bekanntlich von Koshala beherrscht wurde. Wenden wir uns also nun den Berichten von der Verbreitung des Gesetzes in Shakyamunis Heimatland zu.
Shakyamuni soll erstmals zurückgekehrt sein, als er seine Predigttätigkeit in Magadha abgeschlossen hatte. Aber wie so oft geben verschiedene Quellen auch für diesen Abschnitt seines Lebens unterschiedliche Daten für diese Reise wieder, wobei die einen sie zwei Jahre nach seiner Erleuchtung, andere sechs oder sogar zwölf Jahre danach datieren. Was man mit Sicherheit sagen kann ist jedenfalls, daß er erst heimkehrte, nachdem er eine gewisse Zeit hindurch in Magadha gepredigt und gesehen hatte, daß das Gesetz allgemein gut aufgenommen wurde, und er die Fundamente seines neuen religiösen Ordens festgefügt hatte.
Das war natürlich nicht die einzige Gelegenheit, zu der er nach Kapilavastu fuhr. Im Laufe der fünfundvierzig oder fünfzig Jahre seiner Priesterschaft muß er immer wieder hingereist sein, vor allem angesichts der Tatsache, daß er ja im Nachbarstaat Koshala predigte. Aber diese späteren Besuche können weder für ihn noch für seine Familienmitglieder jene tiefe Bedeutung und jene emotionale Tragweite gehabt haben, wie diese erste Rückkehr.
Wenn wir davon ausgehen, daß er sein Heim mit neunundzwanzig verließ und zwei Jahre nach seiner Erleuchtung zurückkehrte, so bedeutet das immer noch, daß er mindestens acht Jahre fort war – und wenn man anderen

Datierungstheorien folgt, so muß dieser Zeitabstand noch weit größer gewesen sein. Jedenfalls kehrte er heim, um seinem Vater und seinen Verwandten nicht als gewöhnlicher Mensch, sondern als Buddha, als Erleuchteter, gegenüberzutreten.

Offensichtlich war ihm die Botschaft, daß er zum Buddha geworden war, nach Kapilavastu vorangeeilt. Aber die Shakyas waren ein stolzes und unbeugsames Volk, in ihren religiösen Ansichten sehr konservativ und neigten dazu, nach den Konventionen des Brahmanismus und der lokalen religiösen Kulte zu fasten. Und wiewohl Shakyamunis Familie und Stammesbrüder den Mann, der einst Prinz und künftiger Erbe des Königreiches gewesen war, mit Wärme und Höflichkeit empfingen, scheinen sie seinen Doktrinen nicht besonders viel Gehör geschenkt zu haben. Einigen Berichten zufolge waren seine Verwandten erst bereit, ihn ernstzunehmen und seinen Worten zu lauschen, nachdem er einige Demonstrationen seiner mystischen Fähigkeiten vollführt hatte. Dann predigte er ihnen einzeln das Gesetz, und es gelang ihm, eine ganze Reihe von Menschen zu bekehren.

König Shuddhodana, Shakyamunis Vater, Shakyamunis eigener Sohn Rahula und sein jüngerer Halbbruder Nanda waren die ersten Bekehrten. Bei nachfolgenden Reisen in den Staat gewann Shakyamuni weitere prominente Schüler, darunter Upali, Anuruddha, Ananda und Devadatta, von denen wir später sprechen werden.

Rahula war zum Zeitpunkt seiner Bekehrung noch keine zwanzig; später wurde er zu einem bedeutenden Schüler und wurde dafür viel gepriesen, einer der Ersten unter denen zu sein, die die Praxis der Selbstdisziplin lieben. Da er noch ein Kind war, als Shakyamuni das Familienleben aufgab und Kapilavastu verließ, konnte er keine Erinnerung an seinen Vater gehabt haben. Es wird berichtet, daß es Prinzessin Yashodhara war, die sein Zusammentreffen mit Shakyamuni arrangierte, während sie sich selbst ein Gespräch mit ihrem ehemaligen Ehemann versagte. Shakyamuni vertraute Shariputra, der ihn begleitete, seinen Sohn an und so wurde Rahula zum Novizen im buddhistischen Orden. Später folgte er wie gesagt seinem Vater im Predigen des Gesetzes nach und spielte eine sehr aktive Rolle in der Verbreitung des neuen Glaubens.

Wie bereits erwähnt wurde noch ein dritter Angehöriger Shakyamunis, sein jüngerer Halbbruder Nanda, während dieser ersten Rückkehr nach Kapilavastu bekehrt. Nachdem Shakyamuni das weltliche Leben aufgegeben und das Königreich verlassen hatte, war es Nanda gewesen, der seinen Platz als künftiger Erbe König Shuddhodanas eingenommen hatte, und als Shakyamuni nun zurückkehrte, um das Gesetz zu predigen, hatte er gerade vor, die wunderschöne Prinzessin Sundarika zu heiraten. Es ist nicht zur Gänze überliefert, unter welchen Umständen er sich überzeugen ließ, auf seinen Thronanspruch zu verzichten, seine angekündigte Heirat abzusagen und in den buddhistischen Orden einzutreten, und man kann ein gewisses Mitleid mit dem jungen Mann nicht verhehlen, dessen Leben durch das Auftauchen des älteren Bruders so plötzlich unterbrochen und umgestürzt wurde. Es wird gesagt, daß es ihm, nachdem er Mönch geworden war, unmöglich war, die Gedanken an die säkulare Welt zu vergessen, und daß er von größten Zweifeln geplagt wurde, was vermuten läßt, daß er seine Entscheidung, in den Orden einzutreten, möglicherweise nicht ganz freiwillig getroffen hatte. Mit Hilfe von Shakyamunis vorsichtiger Führung und Unterstützung wurde er aber schließlich doch noch fähig, sich von den weltlichen Genüssen zu befreien und all seine Energien für die Praxis des Gesetzes einzusetzen.

Ananda

Mit der Zeit wurde eine ganze Reihe von Mitgliedern des Shakya-Stammes zu Anhängern und zu glühenden Unterstützern Shakyamunis. Wir haben Ananda, Anuruddha und Devadatta, die kurz nach Shakyamunis erster Reise in seinen Heimatstaat bekehrt wurden, bereits erwähnt. Alle drei waren Vettern Shakyamunis, Ananda und Devadatta waren Brüder. Es scheint, daß nahezu alle jungen Mitglieder des Shakya-Stammes Buddhisten wurden.

Der prominenteste unter diesen drei war Ananda, der zu Shakyamunis Lieblingsschüler und zu seinem ständigen Begleiter in Buddhas letzten fünfundzwanzig Lebensjahren wurde. Als „Erster im Beschützen des Gesetzes" war er für sein unglaubliches Erinnerungsvermögen bekannt, das es ihm erlaubte, aus dem Gedächtnis die Predigten und Verkündigungen des Buddhas zu rezitieren.

Es ist nicht bekannt, wann Ananda genau bekehrt wurde, aber angesichts seiner relativen Jugend kann dies nicht anläßlich Shakyamunis erster Reise nach Kapilavastu stattgefunden haben. Es ist wahrscheinlich, daß es rund zwanzig Jahre nach Shakyamunis Erleuchtung geschah, als Ananda im dritten Jahrzehnt seines Lebens stand. Da er zu den wichtigsten Schülern zählte, gibt es eine ganze Reihe von Anekdoten über ihn. Zusammen mit Mahakashyapa spielte er eine zentrale Rolle für die Aktivitäten des Ordens nach dem Eintritt des Buddha ins Nirvana, und er ist vor allem deshalb bekannt, weil er auf dem ersten Konzil alle sutras aus dem Gedächtnis aufzählte. Seltsam ist dabei, daß Ananda zunächst vom ersten Konzil ausgeschlossen war. Der Grund hierfür ist darin zu sehen, daß er als einziger der fünfhundert Schüler des Buddha, die sich zusammengefunden hatten, um die Lehrer ihres Meisters zu ordnen, nicht die Stufe eines Arhat erreicht hatte. Tief betrübt gab sich Ananda der intensiven Meditation hin und erreichte, wie berichtet wird, den Zustand eines Arhat oder Heiligen am Morgen des Tages, an dem das Konzil seine Arbeit aufnehmen sollte, weshalb er von Mahakashyapa zu diesem zugelassen wurde.

Diese Anekdote deutet an, daß Ananda von den älteren und eingespielteren Mitgliedern des Ordens eher distanziert und sogar kalt behandelt wurde. Es wird sogar berichtet, daß der wählerische Mahakashyapa sich über Anandas Betragen beschwerte, weil dieser seiner Meinung nach als persönlicher Diener Shakyamunis dem Buddha nicht die nötige Achtung entgegenbrachte, aber auch, weil dieser seine Zustimmung zur Aufnahme von Frauen in den Orden gegeben hatte.

Möglicherweise gab es wirklich Aspekte an Anandas Persönlichkeit und Betragen, die Kritik rechtfertigten. Aber ich bin geneigt anzunehmen, daß letztlich die starke Abneigung der älteren Ordensmitglieder gegenüber Ananda auch darauf zurückging, daß er Devadattas Bruder war. Wie wir etwas später sehen werden, brachte Devadatta Shakyamuni und den ganzen Orden in größte Schwierigkeiten, und sogar das Leben des Buddhas in Gefahr. Wahrscheinlich ist es dann auch ganz natürlich, daß die anderen Ordensmitglieder, allen Eingebungen ihres besseren Wesens zum Trotz, dem Bruder des Unglücksbringers gegenüber feindselige Gefühle hegten. Und ein weiterer Faktor, der zu dem allgemeinen Gefühl des Mißtrauens beigetragen haben mag, war wohl die Eifersucht, die seine Nähe zum Buddha hervorrief.

Auch Anandas Haltung gegenüber Frauen spielte hier eine gewisse Rolle. Es gibt eine ganze Menge von Abschnitten in den Schriften, in denen berichtet wird, wie Ananda Shakyamuni über Frauen befragte, und letztlich war es auf sein fortgesetztes Bitten hin, daß Frauen als *bhikkhuni*, also als buddhistische Nonnen, in den Orden aufgenommen wurden. Es erübrigt sich zu erwähnen, daß Ananda dadurch unter den Nonnen sehr beliebt wurde, wenn das nicht zu frivol formuliert ist, aber von den älteren männlichen Ordensmitgliedern wird es wohl nicht so gut aufgenommen worden sein.

Aber wieviele Gefühle des Neids, des Mißfallens oder der Furcht er auch unter den anderen Mönchen hervorgerufen haben mag, Ananda blieb ständig als Lieblingsschüler an Shakyamunis Seite. So sehr seine Haltung gegenüber Frauen und die Beschuldigungen Mahakashyapas gegen ihn einen gewissen Nonkonformismus und einen Mangel an Zurückhaltung in seinem Gehabe anzeigen, bin ich doch überzeugt, daß er gleichzeitig eine besonders warmherzige und milde Persönlichkeit war. Anders wäre er ja auch kaum fähig gewesen, fast fünfundzwanzig Jahre lang Shakyamuni als persönlicher Diener zur Seite zu stehen. Shakyamuni hatte vor ihm bereits andere Diener gehabt, aber keinen für längere Zeit behalten. Es besteht also kein Zweifel, daß Ananda unter allen seinen Dienern jener war, dem er sich am nächsten fühlte.

Upali und Anuruddha

Upali und Anuruddha, die beide zu den zehn wichtigsten Schülern des Buddhas zählen, sind die weiteren erwähnenswerten Schüler aus dem Königreich der Shakya.

Upali galt als „Erster in *vinaya* oder Disziplin", während Anuruddha als „Erster in göttlicher Einsicht" galt.
In einer Beziehung war Upali unter den zehn wichtigsten Schülern einzigartig. Während alle anderen entweder brahmanische Studenten oder Mitglieder der königlichen Familie der Shakyas waren, kam Upali aus weit einfacheren Verhältnissen und war ursprünglich am Hof von Kapilavastu Friseur gewesen.
Es wird berichtet, daß Shakyamuni nur das Beste von Upali hielt und ihn mit großem Respekt behandelte, was meiner Ansicht nach erwähnenswert ist. Meiner Meinung nach, und diese Auffassung teile ich mit Hiromoto Mizuno und anderen Buddhismus-Forschern, bezog er diese respektvolle und sogar schützende Haltung gegenüber Upali bewußt, um die tiefverwurzelten Vorurteile gegenüber einfachen Menschen, wie sie im Shakya-Clan und bei den Mitgliedern der höheren Klassen verbreitet waren, zu bekämpfen. Shakyamuni wollte damit demonstrieren, daß der Buddhismus von einer grundlegend egalitären Haltung bestimmt ist und daß es innerhalb der Sangha, des buddhistischen Ordens, keinerlei konventionelle Klassen- oder Kastenunterschiede gibt.
Die einzigen Rangunterschiede, die es innerhalb des Ordens gab, bezogen sich auf die Dauer der Zugehörigkeit des einzelnen zum Orden. Jene Mönche, die bereits zu Beginn von Shakyamunis Predigertätigkeit die Weihe erhalten hatten, waren den später Dazugestoßenen vorgesetzt. Unter Upali und den drei jungen Adeligen aus der Familie der Shakya, die alle vier gleichzeitig bekehrt worden waren, erhielt Upali als erster die Priesterweihe. Daher wurde er in der Folge als Senior dieser Gruppe angesehen, wobei ihm Anuruddha und Ananda in dieser Reihung folgten. Das weist darauf hin, daß sich Shakyamuni genauestens darum kümmerte, daß dem fundamentalen

buddhistischen Prinzip der Gleichheit innerhalb des Ordens Rechnung getragen wurde. Und gewissermaßen als Antwort auf diese sorgsame Behandlung tat Upali sein Bestes, Shakyamunis Erwartungen zu erfüllen und wurde dadurch zu einem hervorragenden Mitglied des Ordens, das sich durch den unvergleichlichen Fleiß auszeichnete, mit dem er die *vinaya* oder die Regeln der Disziplin befolgte.

Neben Upali ist auch Anuruddha eine besonders interessante Figur. Er wurde zum „Ersten in göttlicher Einsicht" erklärt, weil er trotz seiner Blindheit ein unglaubliches Wahrnehmungsvermögen gehabt haben soll. Über die Umstände, unter denen er blind wurde, gibt es ebenfalls eine interessante und eigenartige Geschichte. Wie der Leser sich erinnern wird, war er ein Vetter Shakyamunis und voll der Inbrunst und Entschlossenheit in den Orden eingetreten. Eines Tages aber fiel er während einer Predigt Shakyamunis in leichten Schlaf, wofür er vom Buddha heftige Schelte erhielt. Darauf nahm er sich vor, diesen Fehler nie mehr zu machen. Wir wissen natürlich nicht genau, was für eine Methode er anwandte, um nicht mehr einzuschlafen, aber es muß doch eine recht drastische gewesen sein. Anuruddha verfolgte diese Methode mit solcher Entschlossenheit, daß er eines Tages als Folge erblindete. Ich bin mir nicht sicher, wie ernst wir diese Geschichte nehmen sollen. Wenn sie stimmt, dann beweist sie jedenfalls, daß Anuruddha in Dingen, die das Gesetz betrafen, ein Mann von unbeugsamen Willen war.

Weitere Schüler aus der Familie der Shakya waren Shakyamunis Tante Mahaprajapati, die auch die erste Nonne des Ordens war, und sein Vetter Devadatta, der sich später gegen ihn wandte. Wir wollen allerdings die Geschichten dieser beiden für die folgenden Kapitel aufsparen.

[illegible]

[illegible]

[illegible]

Das Anwachsen des Ordens

Die anderen wichtigen Schüler

Wir haben bereits über die meisten der sogenannten zehn wichtigsten Schüler Shakyamunis gesprochen, aber drei, von denen wir noch reden sollten, nämlich Purna, Katyayana und Subhuti, sind noch übrig.

Beginnen wir mit Purna, der als „Erster in Oratorien und Predigten" galt. Er kam aus einem völlig anderen Milieu als die meisten anderen wichtigen Schüler Shakyamunis, und seine Beredsamkeit, mit der er die Doktrin auslegte, war konkurrenzlos. Er war weder Brahmane noch aus aristokratischem Haus, sondern entstammte wie Sudatta der Klasse der wohlhabenden Kaufleute und soll selbst ein großes Vermögen im Handel erworben haben.

Er war auch nicht aus Zentralindien gebürtig, wo Shakyamuni vorwiegend predigte, sondern kam aus einer Hafenstadt in Westindien, die nördlich des heutigen Bombay und damit weitab vom damaligen Einflußbereich des Buddhismus lag.

Man kann sich fragen, wie ein in Handelsgeschäften tätiger und so weitab lebender Mann überhaupt mit dem Buddhismus in Kontakt hatte kommen können und zu einem Schüler Shakyamunis wurde. Dazu ist folgende Geschichte überliefert. Purna war offensichtlich unter Händlern und Kaufleuten sehr bekannt, und seine Ruf reichte bis nach Savatthi, der Hauptstadt von Koshala. Eine Gruppe von Kaufleuten aus Savatthi, die von seinem Ansehen gehört hatten, waren bei ihm zu Hause erschienen und hatten ihn gefragt, ob er sie auf einer Geschäftsreise begleiten wolle, wobei sie sich zweifellos von Purnas großer Erfahrung einer Steigerung ihrer eigenen Gewinnaussichten erhofften. Purna sagte ihnen jedenfalls zu, und sie machten sich auf den Weg.

Zufällig waren aber alle diese Kaufleute aus Savatthi zum Buddhismus bekehrte Laien, und im Laufe der Reise fanden sie sich regelmäßig zusammen, um ihren Andachten nachzugehen. Wir wissen nicht ganz genau, was für eine Form von Andacht sie damals praktizierten, aber vermutlich waren es Wiederholungen von Shakyamunis Lehren. Purnas Neugierde wurde jedenfalls dadurch erweckt, und so fragte er sie, was sie denn da täten. So erzählten sie ihm von Shakyamuni und seinen Lehren. Purna war davon tief bewegt und begab sich nach der Reise sofort nach Savatthi, wo er den Buddha predigen hörte und sich endgültig entschloß, in den Orden einzutreten.

Man fragt sich natürlich, wie weit Purnas eher unüblicher Hintergrund etwas mit seinen allgemein anerkannten Fähigkeiten als Prediger des Gesetzes zu tun hatte. Seine langen, zeitweise sicherlich mühsamen Erfahrungen als Kaufmann hatten ihm zweifellos einiges über das innere Wesen des Menschen beigebracht, und wie jeder gute Geschäftsmann mußte er gelernt haben, in den Kopf jener Leute zu blicken, mit denen er handelte. In späteren Jahren, als er zum Prediger des Gesetzes geworden war, waren ihm diese Fähigkeiten von großem Nutzen, wenn er etwa den Stil seiner Aussagen der Aufnahmefähigkeit seines Publikums anpaßte und die Lehren des Buddhismus auf jene Art präsentierte, die bei den Hörern die größtmögliche Wirkung erzielte. Er war ein eindringlicher Führer, der unter einfachen Menschen aufgewachsen war und genau wußte, wie diese mit der Botschaft des Buddhas erreicht werden konnten.

Wir kommen nun zu Katyayana, der auch als Mahakatyayana bekannt ist. Er stammte aus Ujjain, der Hauptstadt des Staates Avanti, und als gebürtiger Brahmane hatte er die Position eines religiösen Beraters und geistlichen Sekretärs des Herrschers inne. Wenngleich es keinen Hinweis darauf gibt, daß Shakyamuni selbst Avanti, das im westlichen Teil Zentralindiens lag, jemals bereist hätte, wird es in den sutras und in anderen buddhistischen Schriften häufig erwähnt, was auf Katyayanas Bemühungen zurückgehen dürfte. Er war der erste aus Avanti Gebürtige, der zu einem Schüler des Buddhas wurde und galt als „Erster in der Analyse und Exegese der Worte Buddhas".

Wie Purna wurde er in Savatthi bekehrt, wohin er vom Herrscher Avantis gesandt worden war, der von Shakyamunis Lehre gehört hatte. Im Jetavana-Kloster hatte er Gelegenheit, den Predigten Shakyamunis zu lauschen, was ihn so tief bewegte, daß er sofort beschloß, in den Orden einzutreten. Shakyamuni sandte ihn dann nach Avanti zurück, wo es ihm gelang, den König und viele andere zum neuen Glauben zu bekehren. Er scheint ein begnadeter Theoretiker gewesen zu sein, der sich vor allem im Kategorisieren und Systematisieren der verschiedenen Aussagen des Buddhas hervortat und sie in klarer und bestechender Weise wiedergab.

Der letzte der großen Schüler, über den wir sprechen müssen, ist Subhuti, dem es im Vergleich zu den anderen Mitgliedern der Gruppe in erstaunlicher Weise an Farbe und Persönlichkeit fehlte. Man könnte fast sagen, daß er am besten durch seinen Mangel an Eigenschaften zu charakterisieren ist. Es gibt nahezu keine Anekdoten über seine Person, und man mag daher verwirrt sein, wie er überhaupt dazu kam, zu den zehn wichtigsten Schüler gezählt zu werden. In späteren Jahrhunderten hat man ihm nachgesagt, er sei der „Erste im Verstehen der Doktrin der *shunyata*", der buddhistischen Vorstellung der Leere gewesen, was ich allerdings bezweifle. In den *Prajna-paramita* Sutras, die sich auf diese Doktrin beziehen, wird er von Shakyamuni als jener angesprochen, der die Doktrin der Leere am klarsten begriffen hätte. Und dennoch war er im Gegensatz zu Männern wie Shariputra und Maudgalyayana keine irgendwie hervorstechende Persönlichkeit innerhalb des Ordens, wie man es von jemandem erwarten würde, der tatsächlich der Erste im Verständnis der Doktrin der Leere ist.

Der bekannte Buddhismus-Forscher Fumio Masutani meint, Subhuti sei nicht durch irgendein tiefes Verstehen einer metaphysischen Doktrin aufgefallen, sondern eher durch seine ausgeglichene und abgerundete Persönlichkeit. Er war ein Neffe Sudattas, des wohlhabenden Philanthropen, der Shakyamuni und seinen Jüngern das Jetavana-Kloster vermacht hatte. Aber trotz dieser Verbindung scheinen seine Aktivitäten innerhalb des Ordens eher unauffällig gewesen zu sein. Vielleicht diente der tolerante und geduldige Subhuti innerhalb des Ordens und inmitten von Männern mit größerer intellektueller Brillanz und Charakterstärke als eine Art Puffer. Shakyamuni könnte diesen freundlichen und bescheidenen Mann als Beispiel für die anderen Mitglieder des Ordens bewußt ausgewählt haben, in der Hoffnung, daß dieses Vorbild wirken könnte.

Natürlich können wir uns nur anhand von Legenden und vereinzelten Anekdoten ein Urteil über die Jünger Shakyamunis bilden. Unweigerlich aber ist man über die

Widersprüchlichkeit ihrer Persönlichkeiten und die Unterschiedlichkeit ihrer Talente und Fähigkeiten und gleichzeitig über die bemerkenswerte Weise verwundert, wie Shakyamuni ihre unterschiedlichen Talente und Eigenschaften einsetzte. Normalerweise fühlen sich die meisten Menschen vorwiegend zu solchen hingezogen, deren Persönlichkeit ihnen angenehm ist oder die Fähigkeiten und Züge haben, die den jeweils eigenen entsprechen. Aber jemand, der so eine Parteilichkeit auch nur unbewußt besitzt, kann niemals ein Führer im wahren Sinn des Wortes genannt werden. Der wahre Führer ist einer, der die Möglichkeiten aller Menschentypen geschickt herausstreichen und entwickeln kann, selbst jener Menschen, die seiner Persönlichkeit radikal entgegengesetzte und seinem Geschmack zuwiderlaufende Eigenschaften besitzen, um aus ihnen ein ausgewogenes und harmonisches Ganzes zu bilden. Shakyamuni war meines Erachtens vor allem deshalb ein außergewöhnliches Beispiel für so einen Führer, weil seine Methode, die unterschiedlichen Fähigkeiten jedes dieser Männer zu entwickeln, auf einem umfassenden Verständnis der menschlichen Natur in allen ihren Zügen fußte.

Die Stadt Savatthi

Alle drei eben beschriebenen Schüler, Purna, Katyayana und Subhuti, wurden von Shakyamuni in der Stadt Savatthi bekehrt. Allerdings war nur Subhuti aus dieser Stadt gebürtig, während die anderen beiden von weither ge-

kommen waren, um Shakyamunis Predigten zu lauschen. Das deutet auf die wichtige Rolle hin, die Savatthi als Zentrum der buddhistischen Aktivitäten spielte.
Savatthi war, wie bereits erwähnt, die Hauptstadt des Staates Koshala, und chinesische Übersetzungen der Schriften sprechen von „den Dreihunderttausend von Savatthi", wobei man darüber streiten kann, ob das als genaue Bevölkerungszahl angesehen werden kann. Es heißt, daß ein Drittel der Bevölkerung von Savatthi den Predigten Shakyamunis beigewohnt hatte, ein weiteres Drittel seine Lehren gehört hatte, und das letzte Drittel ihn weder gesehen noch von ihm gehört hatte. Das würde bedeuten, daß gut die Hälfte der Stadtbevölkerung entweder zum Buddhismus bekehrt war oder ihm zumindest positiv gegenüberstand, was auch durch andere Quellen gestützt wird. Daraus können wir die große Wirkung ableiten, die die Arbeit des buddhistischen Ordens auf die Stadt gehabt haben muß.
Man könnte sich fragen, warum der Buddhismus in Savatthi so gut bekannt und aufgenommen wurde. Wie wir gesehen haben, beschränkten Shakyamuni und seine Jünger ihre Tätigkeiten vorerst auf die Stadt Rajagaha in Magadha, und sie weiteten sie erst viel später auf Savatthi aus. Es gibt eine Theorie, wonach das rasche Anwachsen der buddhistischen Gemeinde in Savatthi weitgehend auf die Bemühungen des reichen Kaufmannes Sudatta zurückzuführen war, der nach seiner Bekehrung in Rajagaha in die Stadt zurückgekommen war. Als erster Buddhist in der Stadt legte er den Grundstein, auf dem der Glaube später wachsen und gedeihen sollte. Wir haben ja zum Beispiel gesehen, daß er dem Kronprinzen ein Stück Land abkaufte, um dort das Jetavana-Kloster zu errichten, das den Mitgliedern der Sangha vor allem während der Regenzeit als Unterkunft diente.

Wie der Leser vermutlich weiß, gibt es zwischen der Trokkenzeit und der Regenzeit in Indien eine ganz genaue Unterscheidung, und es ist durchaus üblich, die Zeit mit der Zahl an Regenzeiten oder eben an Trockenzeiten zu messen. Als Sudatta das Jetavana-Kloster für sie errichten hatte lassen, verbrachten Shakyamuni und seine Jünger zumeist die Regenzeit studierend und meditierend dort. In späteren Jahren wurde diese Monsun-Unterkunft zu einer Art Hauptquartier von Shakyamunis Predigttätigkeit.

Aber, wie die Quellen vermerken, bevor der Buddhismus zur beherrschenden Religion in Savatthi wurde, galt es noch, eine Menge Niederlagen und Rückschläge zu verkraften. Shakyamuni mußte im Laufe seines Lebens eine ganze Reihe von Angriffen und Verfolgungen auf sich nehmen, wobei die bekanntesten die sogenannten Neun Großen Prüfungen waren. Dazu gehören das verräterische Komplott Devadattas, von dem später noch die Rede sein wird, aber auch feindselige Handlungen gegen den Orden in dessen frühesten Tagen in Savatthi.

Es wurden verschiedene Vermutungen darüber angestellt, warum Shakyamuni in der ersten Zeit seines Aufenthaltes in Savatthi solchen Verfolgungen ausgesetzt gewesen ist, aber es hatte zweifellos mit der religiösen Situation in Koshala zu dieser Zeit zu tun. Sowohl Koshala als auch Magadha waren ja, wie berichtet, kurz vor Shakyamunis Geburt plötzlich zu politischer Vorherrschaft aufgestiegen. Die Führer der neuen brahmanischen Sekten, wie zum Beispiel die sechs nicht-buddhististschen Lehrer, waren nun ebenso in ihre Hauptstädte gekommen, wie verschiedene wandernde Asketen, und die religiöse Szene wurde vom Ferment dieser neuen Ideen und Theorien bestimmt. Gleichzeitig waren die traditionellen Brahmanen an den Höfen der Herrscher dieser Staaten weiterhin hochangesehen, wenngleich ihre Aktivitäten den Konventionen angepaßt waren und sich vorwiegend in Ritualen erschöpften. Unter solchen Umständen ist es nicht verwunderlich, daß Shakyamuni bei der Verbreitung des Gesetzes auf den Widerstand dieser verschiedenen Gruppen stieß.

Wenngleich Shakyamuni und seine Schüler das Jetavana-Kloster als Stützpunkt zur Verfügung hatten, war die Atmosphäre, die sie umgab, keineswegs nur freundlich. Die Brahmanen griffen vielmehr auf alle möglichen Methoden zurück, um Shakyamuni und seine Lehren zu verunglimpfen. Einmal trat eine Kurtisane namens Sinca auf, die schwanger war und Shakyamuni als Vater ihres Kindes bezeichnete. Ein anderes Mal brachten Brahmanen Shakyamuni mit einer Kurtisane namens Sundari in Verbindung, ermordeten sie und brachten das Gerücht in Umlauf, der Mord sei die Tat buddhistischer Mönche gewesen. So weit gingen die Brahmanen in der Absicht, ihre Macht und Position zu bewahren und jeden zu bekämpfen, der ihnen bedrohlich erschien. Aber Shakyamuni konnte diese Hindernisse überwinden und sie mit der Macht der Wahrheit und der Vernunft besiegen und dadurch den Weg für die Verbreitung des Gesetzes öffnen.

Jede Revolution hat ihre Konterrevolution, und jede neue humanistische Religion sieht sich ausgesprochen inhumanen Angriffen durch die etablierten Mächte der Gesellschaft ausgesetzt. Die Lehrer der neuen Religion aber müssen fortfahren, voll der Zuversicht in ihre Zukunft und bereit, auch gegen starke Kritik und Verunglimpfung zu bestehen. Die Berichte von den buddhistischen Aktivitäten in Savatthi, wo mit der Zeit eine Mehrheit der Bewohner bekehrt wurden, zeigen, daß die weitgestreute Verbreitung auf die mutigen Bemühungen Shakyamunis und seiner Schüler zurückzuführen war.

Die Schriften bewahren eine weitere Anekdote, die zeigt, mit welchen Widerständen und Feindseligkeiten von seiten der älteren religiösen Gruppen die neue Religion konfrontiert war. Sie handelt vom Zusammentreffen Shakyamunis mit einem in Savatthi lebenden Brahmanen, der ein Anbeter des Feuergottes Agni und bekannt dafür war, in Fragen der Kasten außerordentlich dogmatisch zu sein. Als er den um Almosen bettelnden Shakyamuni sah, nannte er ihn sofort einen „niedrigen, geringen Mönch", wie er es immer tat, wenn er einen nicht-brahmanischen Bettler sah. Shakyamuni antwortete auf diese Beschimpfung mit den Woten: „Keiner ist von Geburt an Brahmane; keiner ist von Geburt an aus der Kaste ausgestoßen. Ein Ausgestoßener ist dies durch seine Taten; ein Brahmane ist dies durch seine Taten."

Diese Antwort spiegelt, glaube ich, sehr gut die Haltung des Buddhismus gegenüber dem Kasten- und Klassensystem wider. „Ein Ausgestoßener ist dies durch seine Taten; ein Brahmane ist dies durch seine Taten" – mit anderen Worten, der wahre Wert einer Person wird nicht durch seine Geburt, sondern durch das Leben, das er führt, bestimmt. Diese Worte spiegeln eine sehr pragmatische Ethik von erstaunlich modernem Zuschnitt wider, die vor rund zweitausendfünfhundert Jahren gepredigt wurde. Sie legen auch klar, daß für den Buddhismus die Lebensweise des Menschen als Individuum wichtiger ist, als die hierarchischen Unterscheidungen, die durch das gesellschaftliche System einer Zeit auferlegt sind.

Manche Forscher fragten sich, warum Shakyamuni, da er doch die Unterscheidungen verwarf, die das Kastensystem etabliert hatte, nicht einen Schritt weiter ging und sich bemühte, das System überhaupt zu überwinden. Sie meinen, man könnte es ihm gewissermaßen zum Vorwurf machen, daß er seine Ablehnung des Kasten- und Klassensystems nicht deutlicher durchsetzte. Meiner Ansicht nach geht diese Kritik am Wesen von Shakyamunis Mission klar vorbei. Schließlich war er ja kein gesellschaftlicher Agitator oder Reformer, sondern der Begründer einer neuen Religion, deren Hauptanliegen die Verbreitung des Gesetzes war. Er wollte hinter die Fassade der gesellschaftlichen Struktur und Organisation sehen, um die grundlegenden Krankheiten, die die Menschheit befallen, zu beobachten und einen wirkungsvollen Weg zu finden, um die Menschen von ihren Leiden zu befreien. Mit diesem Ziel vor Augen errichtete er ein universelles System von Wahrheiten und ethischen Werten, ein System, das die bestimmte Gesellschaft und die bestimmte Zeit, in der er lebte, transzendierte.

Das System, oder besser gesagt die Lebensform, die er predigte, verneinte die Gültigkeit von Klassen- und Kastenunterschieden, die in der indischen Gesellschaft dieser Zeit Gültigkeit hatten, was aber noch lange nicht bedeutet, daß Shakyamuni eine Gesellschaftsreform plante. Er konzentrierte sich darauf, die Grundprinzipien und -prämissen festzulegen, nach denen die Menschen leben sollten, und überließ es seinen Anhängern zu beurteilen, ob diese Prinzipien mit der bestehenden sozialen Ordnung vereinbar waren oder ob sie eine Art gesellschaftlicher Reform notwendig machten.

Ich glaube, wir versuchen heute zu oft, den Menschen in Begriffen der Gesellschaft und der Zeit, die ihn hervorgebracht haben, zu definieren, statt umgekehrt. Demnach müßten wir uns auch im Falle Shakyamunis fragen, was seine Haltung gegenüber den gesellschaftlichen Institutionen und gegenüber den Krankheiten seiner Zeit war, um zu versuchen, auf der Basis der Antworten auf diese Fragen, ein Bild seiner Persönlichkeit zu entwerfen. Im Falle Shakyamunis, und eigentlich im Falle aller großen Religionsführer, wäre so ein Ansatz aber nicht angemessen. Denn Shakyamuni und Menschen wie er beschäftigen sich nicht vorwiegend mit gesellschaftlichen Institutionen, sondern mit grundlegenderen Problemen der menschlichen Existenz und Werte. Und nur wenn wir sie im Lichte ihrer Anworten auf diese grundlegenden Fragen betrachten, können wir uns ein richtiges Bild von ihnen machen.

In diesem Zusammenhang ist es auch wichtig, daran zu erinnern, daß Shakyamuni ja nicht nur offen seine Ablehnung der traditionellen Klassen- und Kastenunterscheidungen aussprach, sondern auch innerhalb des von ihm gegründeten Ordens eine streng egalitäre Ausrichtung verfolgte. Wie bereits erwähnt, schenkte er Fragen der Rasse, Kaste oder Klasse innerhalb der Organisation und des täglichen Lebens der Sangha keinerlei Beachtung. Alle Ordensmitglieder, waren sie nun als Bramahne, als Kshatriya, als Vaishya oder Shudra geboren, hatten dieselbe Stellung. Obwohl also Shakyamuni nicht versuchte, irgendeine überwältigende Gesellschaftsreform durchzusetzen, die das Klassen- und Kastensystem völlig abgeschafft hätte, begründete er doch innerhalb der Gesellschaft seiner Zeit eine Organisation, die alle Klassen- und Kastenunterscheidungen verwarf, was man bereits als einen Schritt in Richtung einer möglichen Gesellschaftsreform ansehen kann.

Um nun also zu den buddhistischen Aktivitäten in der Stadt Savatthi zurückzugelangen, sollten wir doch erwähnen, daß es neben dem Jetavana-Kloster in den Randgebieten der Stadt noch eine weitere buddhistische Einrichtung gab. Es war die östlich des Jetavana-Klosters gelegene Mrigara-matri-Halle. Die Halle war dem Orden von einer gläubigen Frau namens Vishakha vermacht worden. Sie war die Tochter eines wohlhabenden Mannes aus dem

Staate Anga und schon in frühen Jahren zum Buddhismus bekehrt worden. Später heiratete sie einen reichen Kaufmann in Savatthi. Anläßlich ihrer Hochzeit lud der Bräutigam fünfhundert nackte brahmanische Asketen ein, um mitzuhelfen, der Hochzeitsfeier einen ernsten Charakter zu geben, aber sie sprach sich vehement dagegen aus und ließ alle wieder wegschicken. Sodann berichtete sie dem Bräutigam und ihren Eltern von den Lehrern Shakyamunis, bis sie schließlich ihre ganze Familie bekehrt hatte. Es muß in dieser Zeit sehr ungewöhnlich gewesen sein, daß eine Braut, die in eine Familie mit anderem religiösem Glauben einheiratete, so deutlich Stellung bezog, und daß es ihr dazu noch gelang, ihre gesamte künftige Familie zu überzeugen. Natürlich war sie eine Frau mit großer Charakterstärke und sicherlich eine vorbildliche Missionarin. Die Familie ihres Ehemannes war von ihrem religiösen Eifer tief beeindruckt und nannte sie von nun an wegen ihrer höheren Stellung im Glauben Matri oder Mutter. Sie wurde nun auch unter den anderen Bewohnern Savatthis als Mrigara-matri bekannt, wurde bewundert und verehrt – und so wurde das Haus, das sie dem buddhistischen Orden vermacht hatte, ihr zu Ehren Mrigara-matri-Halle benannt.

Durch die Hilfe so eifriger Unterstützer wie Sudatta und Mrigara-matri war es dem buddhistischen Orden möglich, mit der Zeit die Widerstände und die Feindseligkeiten, denen er sich ursprünglich gegenüber gesehen hatte, zu überwinden und die Lehren unter den Bürgern Savatthis zu verbreiten. Eine Begebenheit, die größte Auswirkungen auf diesen Prozeß hatte und die uns auch für die heutige Zeit zu denken geben sollte, ist jene der Bekehrung König Pasenadis, des Herrschers von Koshala. Er scheint bereits verhältnismäßig früh zum Buddhismus gekommen zu sein. Wie berichtet wird, geschah dies nachdem er beobachtete, wieviel außerordentlichen Respekt und Hochachtung Shakyamuni von den einfachen Menschen seines Staates entgegengebracht wurden, und Pasenadi wurde so zu einem hingebungsvollen Schutzherrn dieses Glaubens.

Im alten Indien wurden üblicherweise der Herrscher und die brahmanischen Priester gleich hoch geachtet. Nun konnte König Pasenadi aber mit eigenen Augen sehen, daß Shakyamuni bei seinen Anhängern ein Maß an Liebe und an Achtung erfuhr, wie sie keinem weltlichen Monarchen jemals zuteil wurden. Schließlich überkam auch den König selbst das Bedürfnis zu dieser Ehrerbietung gegenüber dem Buddha und seinen Lehren. Das ist ein weiterer Beweis dafür, daß das Gesetz fähig ist, mehr als jeder Wohlstand oder jede Autorität das könnten, das Innerste des Menschen zu rühren.

Es gibt noch eine ganze Reihe von Anekdoten von Shakyamunis Bekehrungstätigkeit in Savatthi, was angesichts der Tatsache, daß so viele der Einwohner für den Buddhismus gewonnen worden sein sollen, nicht sonderlich verwunderlich ist. Eine der farbigsten ist jene von der Unterhaltung mit dem Gewohnheitsdieb Angulimala. In chinesischen Übersetzungen wird er oft als Chih-Man erwähnt, was soviel bedeutet wie „Fingerperücke", ein eigenartiger Name, der davon herrühren soll, daß er auf seinem Kopf eine Perücke mit Ornamenten aus abgetrennten Fingern seiner Mordopfer trug.

Er soll gebürtiger Brahmane und später Student der brahmanischen Lehren gewesen sein, der von seinem Lehrer und von dessen Frau betrogen worden war, sich darauf dem Leben des Bösen verschrieb und unter seinen Zeitgenossen Angst und Schrecken verbreitete. Die Berichte, wie Shakyamuni sich aufmachte, den jungen Mann zu treffen, den er unbedingt erretten wollte, sind hochdramatisch.

Der junge Mann versuchte, Shakyamuni zu attackieren, doch dieser wehrte ihn unter Einsatz verschiedener magischer Kräfte ab und bekehrte ihn schließlich.
Diese Anekdote soll zweifellos illustrieren, daß selbst der böseste und sündhafteste Mensch durch das große Mitleid des Buddhas bekehrt werden kann. Sie zeigt auch, daß wahre Religion nicht hauptsächlich dem Geist Trost bringt, sondern eine lebendige, aktive Kraft ist, die sich nicht scheut, die größten Gefahren und Gemeinheiten der Welt auf sich zu nehmen, wenn es darum geht, die verschiedensten Menschen an den unterschiedlichsten Orten von den Leiden, die sie befallen, zu befreien. Die Geschichte der Bekehrung Angulimalas ist ein Beispiel dafür, wie Shakyamuni und seine Jünger, in ihrer festen Absicht, alle Menschen zu erretten, der Gefahr trotzten.

Verwaltung des Ordens

Von ihrem Hauptstützpunkt, dem Jetavana-Kloster in Savatthi aus, scheint sich die Sangha über ein sehr weites Gebiet Indiens verbreitet zu haben. Zahlreiche Quellen berichten, daß der Buddhismus neben Savatthi und Rajagaha auch in Saketa, Benares, Vaishali, Kosambi und Ujjain, alles Orte entlang des Ganges, fest niedergelassen war. Davon läßt sich ableiten, daß Shakyamuni und seine Schüler hauptsächlich in Zentralindien bekehrten und in Städten und Dörfern entlang der Karawanenstraßen lehrten.
In den oben genannten Städten unterstützten die Bürger

den Buddhismus, wenngleich nicht so enthusiastisch wie die Bewohner Savatthis das getan hatten, und stifteten Klöster. Darunter befand sich auch das Saptaparna-guha in Rajagaha, auch Keller der Sieben Blätter genannt, wo das erste Konzil abgehalten wurde; oder das Große Waldkloster bei Vaishali; oder das Hirsch-Park-Kloster in Benares. Daraus können wir schließen, daß diese Städte Zentren der Verbreitung des Buddhismus in Zentralindien waren.

Als die Zahl der Bekehrten und der Wandermönche immer größer wurde und immer neue Zentren der buddhistischen Betätigung eröffnet wurden, ergab sich auch die Notwendigkeit, Regeln und Vorschriften für die Führung des Ordens festzulegen. In seinen späteren Jahren soll sich Shakyamuni, obwohl er weiterhin das Gesetz predigte, wesentlich mehr den administrativen Problemen gewidmet haben, die mit der Führung der Sangha zusammenhängen.

Zu Beginn war die Sangha einfach eine Gemeinschaft von Mönchen. Später wurde auch die Nonnengemeinschaft gegründet, und zwei weitere Gruppen, jene der männlichen und jene der weiblichen Laien-Gläubigen, kamen hinzu. Somit setzte sich die Sangha aus vier Gemeinschaften zusammen: den *bikkhus* oder Mönchen, den *bikkhunis* oder Nonnen, den *upasakas* oder männlichen Laien, und den *upasikas* oder weiblichen Laien.

Es ist nicht sicher, welcher Art die Regeln und Bestimmungen waren, die Shakyamuni für die Führung des Ordens erließ. Die schriftlichen Quellen geben eine Liste von 250 Vorschriften für Mönche und von 500 Vorschriften für Nonnen wieder, aber es ist anzunehmen, daß diese erst später hinzugefügt wurden. Meiner Ansicht nach hat es zu Shakyamunis Zeiten überhaupt keine solchen komplizierten Disziplinvorschriften gegeben, wiewohl sicherlich genaue Regeln für die Weihe von Mönchen und Nonnen und für andere Rituale des Ordens festgelegt waren. Wir wissen, daß alle Ordensmitglieder zur höchsten Achtung gegenüber den sogenannten Drei Schätzen verpflichtet waren, nämlich dem Buddha, dem Dharma und der Sangha, während in der religiösen Praxis die Betonung auf die *dhyana* oder Meditation, auf die Pflege der *prajna* oder Weisheit und auf die Einhaltung der Gebote gelegt wurde.

Für die Laien-Gläubigen waren die Fünf Vorschriften am wichtigsten. Sie verbieten dem Gläubigen zu töten, zu nehmen, was nicht gegeben ist, die Ehe zu brechen, zu lügen und Rauschmittel zu trinken. Aber diese Vorschriften sind meiner Ansicht nach nicht mehr als Anstandsregeln, die der Gläubige einzuhalten hat, aber keine Form der religiösen Praxis. Die grundlegende religiöse Praxis wurde meines Erachtens in der Beobachtung des Gesetzes, der Pflege der Weisheit sowie in der Veränderung und Verbesserung des Individuums gesehen.

Angesichts von Shakyamunis Lehren und dem, was wir über seine Art zu predigen wissen, kann man doch zu dem Schluß kommen, daß sein Zugang ein sehr verständnisvoller und toleranter war, und deshalb ist es schwer zu glauben, daß er diese zweihundertfünfzig Vorschriften für Mönche und die fünfhundert Vorschriften für Nonnen verfaßt haben sollte. Diese minutiösen und eher strengen Regeln wurden vermutlich nach seinem Eingang ins Nirvana niedergeschrieben, weil die Ordensmitglieder gefühlt haben mögen, daß es ihnen sonst nicht möglich gewesen wäre, die richtige Disziplin aufrechtzuerhalten. Leider haben diese Vorschriften aber dazu geführt, daß manche Leute fälschlich meinen, der Buddhismus sei eine Religion, die von ihren Gläubigen die Einhaltung besonders strenger Vorschriften verlangt. Aber obwohl Shakyamuni selbst sicherlich ein Mann mit sehr beschränkten Bedürfnissen und Wünschen war, zwang er seine Jünger doch niemals, sich irgendeiner strengen Askese oder der Verneinung aller Wünsche zu unterwerfen. Ganz im Gegenteil, er rief die Menschen dazu auf, ein Leben der Mäßigung zu führen und sowohl Hedonismus wie auch Selbstverleugnung zu vermeiden. Wie wir gesehen haben, ist der Weg der Mitte eine der grundlegenden Doktrinen des Buddhismus, und wenngleich natürlich Mönch und Nonne ein strengeres Leben zu führen hatten als der gläubige Laie, sollte doch keiner, weder Mönch noch Laie, von diesem zentralen Ideal der Mäßigung abweichen.

In den frühesten Tagen von Shakyamunis Predigttätigkeit waren, wie bereits erwähnt, keine Frauen im Orden zugelassen. Obwohl Frauen in ständig steigender Zahl um Aufnahme baten, soll Shakyamuni sie immer abgewiesen haben, und erst in späteren Jahren gelang es Ananda, den Buddha zu einem Meinungswechsel in dieser Frage zu bewegen. Das erste weibliche Mitglied des Ordens war Mahaprajapati, Shakyamunis Tante, die seit seiner frühesten Kindheit wie eine Mutter zu ihm gestanden war.

Angesichts der Tatsache, daß Shakyamuni sein ganzes Leben hindurch die völlige Gleichheit aller menschlichen Wesen predigte, und er sämtliche Kasten- und Klassenunterscheidungen immer ablehnte, mag es verwunderlich erscheinen, daß er so offensichtlich schlecht von Frauen dachte und sie so lange Zeit hindurch vom Orden ausschloß. Das ist auch tatsächlich eine schwierige Frage, und sie kann zweifellos nur nach eingehender Überlegung beantwortet werden. Meinem Gefühl nach mißachtete er Frauen nicht wirklich und blickte auch nicht auf sie herab. Nirgendwo in seinen Lehren gibt es irgendeine Bemerkung über Frauen oder einen Hinweis darauf, daß er sie anders als die Männer beurteilte.

Diesbezüglich ist es interessant, sich den Aussagen zuzuwenden, die Shakyamuni bezüglich der Pflichten von Ehemann und Ehefrau gemacht hat. Er meinte, die Ehefrau solle den Haushalt angemessen führen, die Freunde und Bekannten ihres Ehemannes mit dem gebotenen Respekt behandeln, auf Reinlichkeit achten, sowie zurückhaltend und fleißig sein. Er bemerkte aber auch, daß es die Pflicht des Ehemannes ist, höflich und treu zu seiner Frau zu sein, ihr die angemessene Autorität im Haushalt zu gewähren, sowie ihr Kleider und Schmuck zu kaufen. Das zeigt, daß er nicht nur keine Vorurteile gegenüber Frauen hatte, sondern sogar eine sehr verständnisvolle und erleuchtete Sicht der Rolle der Frau im Eheleben vertrat.

Man sollte sich bewußt sein, daß die Rolle der Frau im alten Indien eine sehr untergeordnete war. Selbst in den vorbildlichsten Haushalten wurden die Frauen, sobald sie keine Kinder mehr in die Welt setzten, nur wenig besser behandelt als die Sklaven. Und wenn eine Frau nicht für männlichen Nachwuchs sorgte, war es für den Mann kein Problem, sich von ihr scheiden zu lassen. Für so eine Gesellschaft also, in der die Überlegenheit des Mannes gegenüber der Frau ständig betont wurde, war Shakyamunis oben beschriebene Haltung gegenüber Frauen unglaublich fortschrittlich.

Trotzdem waren Shakyamunis Antworten auf Fragen der Aufnahme von Frauen in den Orden und deren Position innerhalb des Ordens erstaunlich streng. Ich glaube, er wollte dadurch seine Schüler von jeder Ablenkung fernhalten und sicherstellen, daß im täglichen Ablauf der Disziplin und der religiösen Praktiken keine Störungen eintraten. Er wollte alle seine Schüler, sobald sie einmal Mönche geworden waren, in die Lage versetzen, dieselbe Stufe der Erleuchtung zu erreichen, wie er selbst, und er wußte daß dafür ein Maximum an Bemühen und Konzentration notwendig war. Die Mönche hatten auf das weltliche Leben verzichtet und den Pfad zu höherem Verständnis beschritten, und deshalb mußten sie von jedem Einfluß ferngehalten werden, der ihre Bemühungen zum Scheitern verurteilen oder sie von ihrem Kurs abbringen konnte. Seine diesbezüglichen Ängste waren es, die Shakyamuni so lange zögern ließen, Frauen in den Orden aufzunehmen.

In der buddhistischen Literatur wird oft von Frauen als „tierische Inkarnation" oder als „Ursache von fünf Hindernissen" gesprochen. Aber solche überzogenen Phrasen sollten vermutlich die Mönche nur davor warnen, sich in irgendeiner Weise mit Frauen einzulassen. Gleichzeitig wissen wir aus der indischen Literatur ganz allgemein, daß Frauen als von Natur aus lüstern und streitsüchtig galten; und die gesellschaftliche Benachteiligung dürfte das ihre zur Ausprägung der schlechteren Charaktereigenschaften beigetragen haben. Es ist daher durchaus denkbar, daß Shakyamuni, der ja in dieser Atmosphäre aufgewachsen war, die Eigenschaften und das gesellschaftliche Verhalten der Frauen seiner Zeit beobachtend, zur Überzeugung gelangt war, daß sie die wahre Glückseligkeit nur erreichen würden können, wenn sie sich bemühten, ihr tieferes Wesen zu ergründen und zu verändern.

Ich glaube, von der buddhistischen Einschätzung der Frau sollte man nicht behalten, daß sie als weniger gut für das religiöse Leben geeignet betrachtet wurde als der Mann – denn das war damals ein Gemeinplatz –, sondern daß der Buddhismus die Auffassung vertrat, daß die Frau diese Benachteiligung zu überwinden imstande war. Übrigens wird im *Lotus Sutra* ganz eindeutig festgehalten, daß die Frauen imstande seien, den Zustand des Buddhas zu erreichen, und ich glaube, daß diese Doktrin ihre Wurzeln direkt in der Lehre Shakyamunis selbst hat.

Devadattas Aufstand

Mit der Aufnahme Mahaprajapatis gab es also im Orden sowohl Mönche als auch Nonnen, und in Shakyamunis späteren Jahren nahm die Zahl der Nonnen noch beträchtlich zu. Zu den bedeutendsten zählten Khema, die Ehefrau König Bimbisaras, die als „Erste an Weisheit“ unter den Nonnen galt, Uppalavanna, die Tochter eines Kaufmannes aus Savatthi und schließlich Dammadina, die als „Erste im Predigen“ galt.
Im Laufe des Anwachsens und der Entwicklung des Ordens kam es auch zu einem ernsten Zwischenfall. Es war dies der sogenannte Aufstand Devadattas, der dem Buddha in seinen letzten Jahren noch gehörige Sorgen bescherte. Wenden wir uns also den Motiven und Umständen zu, die zu dieser Revolte geführt hatten.
Wie man sich erinnern wird, war Devadatta einer der Vornehmen aus dem Shakya-Stamm, die anläßlich von Shakyamunis Besuch in Kapilavastu bekehrt wurden. Er war ein Vetter Shakyamunis und der Bruder des berühmten Jüngers Ananda. Wie Ananda war auch er noch keine dreißig als er bekehrt wurde, und wie dieser war er rund dreißig Jahre jünger als Shakyamuni. Er war keineswegs ein Problemfall, sondern gemeinsam mit den anderen jungen Vornehmen aus dem Shakya-Stamm besonders nützlich in der Stärkung des Ordens.
Die ersten Hinweise auf seine Unehrlichkeit tauchten unmittelbar nach einem Besuch auf, den Shakyamuni der westlich gelegenen Region Kosambi abstattete. Shakyamuni dürfte mehrere Reisen nach Kosambi unternommen haben, aber diese bestimmte fand rund dreißig Jahre nach seiner Erleuchtung statt. Damals begann Devadatta, der bis dahin in seinen religiösen Praktiken arglos und auf-

richtig gewesen war, von Gedanken an Reichtum und Ruhm aufgezehrt zu werden. Man hat schon öfter davon gehört, daß solche Ambitionen Menschen korrumpiert haben, und auch Devadatta bewies, trotz seiner früheren Ehrlichkeit, daß er hierin keine Ausnahme war. Erfüllt von dem Traum, die Führung des Ordens während Shakyamunis Abwesenheit an sich reißen zu können, begann er, sich an Ajatashatru, den Sohn König Bimbisaras von Magadha, heranzumachen.

Devadatta wußte, daß Prinz Ajatashatru seinem Vater dessen hohes Ansehen neidete, und daß er verstimmt war, weil sein Vater sich weigerte, ihm den Thron zu überlassen. Devadatta verstand es meisterhaft, die Unzufriedenheit und Enttäuschung des Prinzen ausnutzend, sich das Vertrauen des jungen Mannes zu erschleichen. Der Prinz wiederum machte Devadatta die erlesensten Geschenke, was den Neid der anderen Ordensmitglieder erweckte. Shakyamuni aber verurteilte diese Engstirnigkeit seiner Jünger und erinnerte sie daran, daß die Gier nach Ruhm und Reichtum dem buddhistischen Geiste und der buddhistischen Praxis grundlegend zuwiderlaufe, und er sagte voraus, daß die Geschenke und Ehrungen des Prinzen für Devadatta der Ruin sein würden.

Shakyamuni hatte zu diesem Zeitpunkt Devadattas Ambitionen zweifellos bereits durchschaut. Zunächst war Devadatta nur auf die Verehrung eifersüchtig gewesen, die Shakyamuni von den Menschen um ihn herum entgegengebracht wurde, aber dann war sein Neid immer stärker geworden und er war zur Überzeugung gelangt, daß er nach der Führung des Ordens greifen sollte. Er ging sogar so weit, Shakyamuni in Anwesenheit der anderen Schüler darum zu bitten, sich zurückzuziehen und die Sangha unter seine Führung zu stellen. Shakyamuni antwortete ihm schroff, daß das völlig ausgeschlossen sei; er denke nicht einmal daran, die Führung des Ordens so hervorragenden Schülern wie Shariputra oder Maudgalyayana zu überlassen. Daher würde er sich so jemanden wie ihn, Devadatta, schon gar nicht auswählen. Das war für den stolzen und ehrgeizigen Devadatta ein Schlag ins Gesicht. Besonders getroffen war er durch Shakyamunis Bemerkung, Shariputra und Maudgalyayana seien gegen seinen mittelmäßigen Verstand wie „flammende Fackeln" gegenüber einer „schwachen Nachtlampe". Nachdem er also auf diesem Weg die angestrebte Stellung nicht hatte erringen können, dürfte er jeden Sinn zur Einsicht und zur menschlichen Demut verloren haben. Nun machte er sich daran, verschiedene Pläne zu schmieden, um Shakyamuni loszuwerden.

Erst überredete er Prinz Ajatashatru zur Rebellion gegen dessen Vater, der, wie man sich erinnern wird, ein Schutzherr und gläubiger Jünger Shakyamunis war. In der Überzeugung, daß seines Vaters Langlebigkeit ihn für immer vom Thron fernhalten würde, setzte der Prinz den König gefangen und ließ ihn verhungern. So konnte er sich zum Herrscher von Magadha aufschwingen. Einer Variante dieser Geschichte zufolge hätte der König die Verschwörung zwar früh genug entdeckt, als er jedoch erkannte, wie groß die Throngelüste seines Sohnes waren, soll er freiwillig zurückgetreten sein. Jedenfalls wurde Ajatashatru durch Devadattas Komplott zum König von Magadha und in der Folge zu einem glühenden Beschützer und Unterstützer Devadattas.

Devadattas nächster Schritt war die Planung eines Anschlags auf Shakyamuni. Er überredete den König, Mörder anzuheuern. Aber als diese den Buddha sahen, fielen sie vor ihm betend nieder. Das Scheitern dieses Planes ließ Devadatta noch kühner werden. Er nutzte einen Aufenthalt Shakyamunis am Gridhrakuta-Berg oder Geierspitze, um vom Berggipfel aus einen Fels auf ihn zu stürzen. Shakyamuni wurde nur von einem Stück des Felsens getroffen und trug eine leichte Fußverletzung davon. Aber diese Begebenheit ist als der erste Angriff festzuhalten, den Devadatta persönlich auf das Leben des Buddhas wagte. Eine andere Legende berichtet, wie Devadatta einen verrückten Elefanten in einer Straße losließ, wo Shakyamuni gerade um Almosen bettelte. Aber wie die gedungenen Mörder wurde der Elefant vor dem Buddha von Furcht ergriffen und tat ihm nichts an.

Devadattas schwerster Angriff soll es gewesen sein, als er versuchte, im Orden Uneinigkeit zu säen, wo bis dahin große Harmonie und Einigkeit geherrscht hatten. Sein Bemühen, ein Schisma zu erzeugen, begann mit den sogenannten Fünf Praktiken, die zu befolgen er den anderen Mitgliedern des Ordens auftrug. Diese Regeln bestimmten, daß (1) die Mönche an abgeschiedenen Orten weitab von Dörfern und Städten leben sollten; (2) die Mitglieder des Ordens ausschließlich von Almosen leben und Geschenke oder Einladungen ablehnen sollten; (3) die Mitglieder nur aus Lumpen gefertigte Gewänder tragen und geschenkte Kleider ablehnen sollten; (4) sie unter Bäumen sitzen sollten und ihnen nicht gestattet sein sollte, Häuser zu betreten; (5) sie kein Fleisch essen sollten.

Die Tatsache, daß Devadatta solche Vorschläge vorbringen konnte, ist ein deutlicher Hinweis darauf, daß der buddhistische Orden damals, wie bereits erwähnt, strenge Askese oder Disziplin keineswegs guthieß. Insbesondere die erste Bestimmung war wohl eine indirekte Kritik daran, daß der Orden das Jetavana-Kloster, den Bambus-Hain und ähnliche Einrichtungen während der Regenzeit als Hauptquartiere und Unterkünfte benutzte. Die zweite wiederum richtete sich gegen die oftmals nicht unbeträchtlichen Schenkungen, die dem Orden von reichen

und einflußreichen Gläubigen wohl als Folge von Shakyamunis Ruhm vermacht wurden.
Wie diese Bestimmungen zeigen, versuchte Devadatta, nachdem seine ersten Pläne gescheitert waren, dadurch Uneinigkeit in den Orden zu streuen, daß er vorgab, für weit strengere Praktiken einzutreten, als sie bis dahin üblich gewesen waren, und indem er die Mönche und Nonnen aufforderte, seine Vorschläge zu unterstützen. Das war in gewisser Weise ein sehr raffinierter Plan. Wie Devadatta es vorhersehen hatte können, wollte Shakyamuni die Verschärfung der Bestimmungen nicht gutheißen und wies die Vorschläge scharf zurück. Darauf gab sich Devadatta verletzt und rief die anderen Ordensmitglieder auf, ihn zu unterstützen. Es wird berichtet, daß nunmehr fünfhundert erst kurz zuvor geweihte Mitglieder, von den Prinzipien der Reinheit und der Strenge, die er hochhielt, angezogen, den Orden verließen und Devadatta nach Gayasisa folgten. Das war das erste Schisma in der Geschichte der Sangha.
Die Moral von dieser Geschichte scheint zu sein, daß ehrgeizige Menschen, die vermeintlich hohe Prinzipien verkünden und die vorgeben, reiner im Glauben zu sein als jene, die sie umgeben, imstande sind, andere zu täuschen und auf Abwege zu führen. Und einmal mehr bestätigt sie die Binsenweisheit, daß man einen Menschen nicht nach seinen Worten allein beurteilen kann. Es ist offenkundig so, daß in der Geschichte der Menschheit Aufrufe zu größerer Reinheit und zur Befolgung höherer Prinzipien häufig von unaufrichtigen Menschen als Werkzeug eingesetzt wurden, um Menschen zugunsten ihrer eigenen Zwecke irrezuleiten.
Devadatta war fähig, vorübergehend ein Schisma in den Orden zu tragen, weil er die psychologische Schwäche der Menschen geschickt ausnutzte. Shakyamuni jedenfalls

beauftragte seine vertrauenswürdigsten Schüler, Shariputra und Maudgalyayana, zu den Dissidenten zu predigen, und schon bald durchschauten die fünfhundert Mönche Devadattas wahre Absichten und kehrten in den Orden zurück. Die Legende berichtet, daß Devadatta, als er von seiner Niederlage erfuhr, so zornig wurde, daß er Blut hustete und daß er bald darauf verstarb.

Devadattas Revolte wird in den buddhistischen Schriften ausgiebigst behandelt, sowohl wegen der Schwere seiner Taten als auch wegen der Vollständigkeit seines Scheiterns. In dem Kapitel des *Lotus Sutra*, das Devadatta gewidmet ist, wird beschrieben, daß Shakyamuni dem Ruchlosen die Errettung und die Erleuchtung vorhersagte, womit er die Doktrin vertrat, daß selbst der schlechteste aller Menschen das Buddha-Sein erreichen kann.

Im *Lotus Sutra* wird die historische Figur Devadattas eingesetzt, um eine dem Menschen allgemein innewohnende Tendenz zu bezeichnen. Denn der Ehrgeiz und das leidenschaftliche Streben nach Ehre und Reichtum, das Devadatta zu seinen bösen Taten verleitete, verbirgt sich auch in unserem Geist als untrennbarer Bestandteil des menschlichen Wesens. Auch wir sind, vom Ehrgeiz geblendet, in Gefahr, die Selbstkontrolle und den rechten Sinn der Perspektive zu verlieren, und auch wir könnten versucht sein, unsere Gelüste durch Täuschung und Missetaten zu befriedigen. Aber gleichzeitig lehrt uns das *Lotus Sutra*, daß auch wir sicher sein können, den Zustand eines Buddhas zu erreichen, wenn wir lernen über unser eigenes Wesen nachzudenken und es zu verstehen und uns selbst von ganzem Herzen den höchsten Zielen weihen.

Somit besteht unser Problem darin, den Devadatta, der im geheimsten Winkel unseres Geistes haust, unter Kontrolle zu halten und das Buddha-Sein zu erwecken, das uns innewohnt. Das ist der wichtigste Punkt der buddhistischen Praxis. Durch unser Streben nach der Lösung dieses Problems entwickeln wir die wahre Charakterstärke. Daher ist auch die Geschichte von Devadatta für uns in unserer heutigen Zeit von so besonderer Bedeutung, bietet sie doch eine Gelegenheit, einmal ernsthaft über unseren eigenen Glauben und unsere Lebensweise nachzudenken.

Devadattas königlicher Schutzherr Ajatashatru soll übrigens als Folge der bösen Taten, die er vollbracht hatte, ernsthaft krank geworden sein. Er bereute aber sein Tun und wurde ein demütiger Buddhist, und selbst nach Shakyamunis Tod arbeitete er weiter an der Verbreitung des Glaubens. Später wurde er für seinen Beitrag zu den Arbeiten für die Sammlung und Ordnung der buddhistischen Schriften berühmt. Sein stürmisches Leben wurde in zahlreichen Werken wie dem *Mahaparinirvana Sutra* oder dem *Sutra des Großen Nirvana* dramatisch beschrieben, aber wir wollen uns nicht länger bei seiner Geschichte aufhalten.

Der Eingang ins Nirvana

Die traurigen Ereignisse in Shakyamunis letzten Jahren

Die Umstände, die Shakyamunis Tod oder besser gesagt, seinen Eingang ins Nirvana, begleiteten, werden ausführlich im *Mahaparinirvana Sutra* behandelt. Im Gegensatz zu den Berichten von Shakyamunis Erleuchtung, die vorwiegend in Form seiner eigenen Erinnerungen festgehalten sind, wird sein Eingang ins Nirvana durch die Erinnerungen seiner Schüler erzählt.

Diesen Berichten zufolge verließ Shakyamuni in Begleitung von Ananda und rund fünfhundert weiteren Schülern die Geierspitze außerhalb Rajagahas und reiste nordwärts. Er verstarb in einem Salharzbaum-Hain in der Nähe der Stadt Kushinagara im Land der Mallas. Das Sutra behandelt die rund sechs Monate vor und die sechs Monate nach diesem Ereignis, also auch die Begräbnisfeierlichkeiten, die Verbrennung des Leichnams und die Verteilung der Asche unter den Trauernden. Aber vor dieser letzten Reise kam es kurz aufeinanderfolgend zu zwei Zwischenfällen, die Shakyamuni großen Kummer bereiteten. Der erste war der Tod zweier seiner vertrautesten Schüler, Shariputra und Maudgalyayana; der zweite war der Untergang des Shakya-Stammes.

Shariputra und Maudgalyayana bildeten die Pfeiler, auf denen der Orden ruhte. Wie wir ja bereits gesehen haben, galten sie als „Erster an Weisheit“ beziehungsweise als „Erster in den magischen Kräften“ und waren auch für die tiefe und dauerhafte Freundschaft bekannt, die sie miteinander verband. Ihre Bedeutung und ihr Einfluß waren so groß, daß ein von den Schreibern der Jain-Religion überbrachter Bericht nicht in Shakyamuni, sondern vielmehr in Shariputra den Führer des buddhistischen Ordens sieht. In Shakyamunis späten Jahren waren es diese beiden Schüler, die anstelle ihres Meisters predigten und die Sutras auslegten, und es waren ja auch sie, wie wir gesehen haben, die in der größten Krise des Ordens, während des Schismas, von Shakyamuni ausgesandt worden waren, um die dissidenten Mönche zurückzugewinnen. Und wiewohl Shakyamuni niemals eindeutig bestimmt hatte, wer sein Nachfolger sein sollte, so scheint er doch ziemlich fest mit Shariputra und Maudgalyayana als Kandidaten für diese Rolle gerechnet zu haben, denn beide waren sowohl wegen ihrer Weisheit als auch wegen ihres Eifers in der religiösen Praxis allgemein anerkannt.
Zu Shakyamunis großer Trauer gingen ihm diese beiden bemerkenswerten Männer aber im Tod voraus. Shariputra steckte sich mit einer Krankheit an und starb in seinem Heimatort Naraka; Maudgalyayana soll von einem Brahmanen beim Almosenbetteln ermordet worden sein. Man erkennt eine geheimnisvolle Verbindung zwischen den Schicksalen dieser zwei engen Freunde, denn beide verstarben etwa zur selben Zeit. Wie schwer Shakyamuni durch den Verlust seiner zwei größten Schüler getroffen wurde, ist in einer der Schriften festgehalten, die berichtet, der Buddha habe gesagt: „Seit Shariputra und Maudgalyayana gestorben sind, kommt mir dieser Ort so leer vor!“

Shakyamuni, der das Bevorstehen seines eigenen Todes spürte, muß von diesem Ereignis unglaublich betroffen gewesen sein. Denn seine Zuneigung zu seinen Schülern war so groß und so umfassend, daß er wohl dieselben Worte zum Ableben jedes einzelnen von ihnen gesprochen hätte. Er ließ sich jedoch nicht von dieser Traurigkeit überwältigen, sondern überwand den Schmerz und arbeitete nun umso kraftvoller am Wachsen und der Entwicklung der Sangha. In einer der Schriften wird berichtet, wie er seine Schüler für ihre Verzweiflung über den Verlust Shariputras verurteilte und meinte: „Worüber habt ihr verzagt zu sein? Was habt ihr durch Shariputras Tod verloren?"

Dem Orden sollte in der Zukunft noch eine ganze Menge zustoßen, denn das Wesen der Welt ist die Unbeständigkeit und der ständige Wandel. Daher darf man die Sicht der eigenen Identität nicht verlieren, was immer auch geschehen mag. Das Wichtigste für jeden einzelnen ist es, seine eigene feste und unzerstörbare Charakterstärke aufzubauen, die es ihm ermöglichen kann, die wahre Natur des Wandels zu begreifen und zu überleben. Hierin liegt die Essenz des Buddhismus, und Shakyamuni erwartete, daß seine Schüler, die ja den buddhistischen Glauben verbreiten und beschützen wollten, das verstünden. Ich glaube, daß es darum ging, als er sie für ihre Trauer um den Tod Shariputras verurteilte. Schließlich wußte er auch, daß der Tag nicht fern sein würde, an dem sie auch den Schmerz über sein Ableben zu überwinden haben würden.

Etwa gleichzeitig mit dem Tod seiner beiden führenden Schüler erfuhr Shakyamuni vom Niedergang des Shakya-Clans. Sein Leben, das seit seiner Erleuchtung mit Schwierigkeiten gepflastert war, sollte nun also auch in diesen letzten Jahren stürmisch bleiben.

Es war der neue Herrscher von Koshala, Vidudabha, der die Shakyas angriff und vernichtete. Der Sohn König Pasenadis hatte eine Reise seines Vaters zu den Shakyas genutzt, um den Thron zu übernehmen. Der alte König hatte zu diesem Zeitpunkt bereits achtzig Jahre gezählt. Damit hatten die beiden Schutzherren des Buddhismus, Pasenadi und Bimbisara, in ihrem hohen Alter dasselbe Schicksal erlebt. Pasenadi machte sich auf nach Rajagaha, um von Ajatashatru, dem Herrscher von Magadha, Unterstützung zu erhalten, aber er verstarb auf der Reise.

Hinter Vidudabhas Angriff auf die Shakyas verbirgt sich eine eigenartige Geschichte. Wie wir bereits gesehen haben, war der Staat Koshala erst unter König Pasenadi zu größerer Bedeutung gekommen. Der König hoffte nun, das Prestige seiner königlichen Familie dadurch aufbessern zu können, daß er sich um eine Braut aus der Familie der Shakyas bemühte, die für ihre alte und vornehme Abstammung und ihre große Bildung berühmt war.

Aber die Shakyas waren zu stolz, eine der Prinzessinnen aus der königlichen Familie einem Mann zu geben, den sie als Emporkömmling betrachteten. Andererseits waren sie ja ein Vasallenstaat des mächtigeren Koshala und also keineswegs in einer Position, die es ihnen gestattete, so einen Wunsch einfach zu übergehen. Der König der Shakyas heckte daher den Plan aus, König Pasenadi keine vollblütige Prinzessin zu geben, sondern ein Mädchen, das von einer Dienerin geboren worden war. König Pasenadi heiratete das Mädchen, und der Sohn, den sie ihm bald darauf gebar, war kein anderer als Vidudabha.

Vidudabha wurde im Königreich der Shakyas aufgezogen, wo er in den militärischen Künsten unterrichtet wurde. Die Shakyas mochten den groben und gewalttätigen

Jungen aber nicht, der auch einen Zug von Brutalität in seinem Wesen hatte, und behandelten ihn mit offener Geringschätzung und Verachtung für die Niedrigkeit seiner Geburt. Der Wunsch nach Rache muß ihn ihm gelodert haben, und tatsächlich hatte er eben erst den Thron erobert, da marschierte er bereits an der Spitze einer riesigen Armee gegen die Shakyas.

Einige Quellen geben an, er wäre bei dieser Gelegenheit auf Shakyamuni gestoßen, der eben sein Heim besuchte, und der Buddha hätte ihn überreden können, seine Armee zurückzuziehen. Vidudabha überfiel das Vasallenreich noch mehrere Male, wurde aber jedesmal von Shakyamuni wieder zurückgehalten. Shakyamuni scheint aber eines Tages erkannt zu haben, daß sein Land zur Vernichtung verurteilt war und machte sich also zur nächsten Station seiner Predigtreise auf. Nach seiner Abreise kehrte der rachsüchtige König einmal mehr zurück und vernichtete das kleine Reich der Shakyas endgültig.

Wenn wir auf diese Ereignisse zurückblicken, so wird doch eine gewisse Aura der Verlorenheit offensichtlich, die Shakyamuni in seinen letzten Jahren umgab. Die grundlegende Unbeständigkeit der Erscheinungswelt, die er durch seine Erleuchtung begriffen hatte und versucht hatte, anderen zu lehren, wurde in der Abfolge der Ereignisse, die über ihn hereinbrachen, auf dramatische Weise offenbart. Aber trotz oder vielleicht wegen dieser Ereignisse setzte er seine Bemühungen fort, den Menschen das wahrhaftige Wesen der Realität zu beleuchten, und predigte das Gesetz mit ungebrochener Energie bis zu seinem Tod.

Die letzte Reise

Nach dem Niedergang der Shakyas ging Shakyamuni nach Rajagaha zurück, wo er einige Zeit blieb. In Rajagaha hielt er sich üblicherweise im Bambus-Hain-Kloster auf, aber außerhalb der Regenzeit ging er auch gern und häufig zum Gridhrakuta-Berg, der Geierspitze am Rand der Stadt. Verschiedenen Quellen zufolge war das einer seiner Lieblingsorte in Magadha, und er erkletterte ihn häufig in Begleitung zahlreicher Schüler.

Die Geierspitze ist kein hoher Berg und daher nicht allzu schwer zu ersteigen. Der Berg besteht vorwiegend aus Steinen und bezieht seinen Namen von einer Felsformation an der Spitze, die einem Geier ähneln soll. Nahe davon entspringt eine heiße Quelle, was in Indien eine echte Seltenheit ist. Von der Bergspitze aus genießt man einen weiten Rundblick auf die dichten Wälder der Umgebung. Es muß ein idealer Ort für Meditationen gewesen sein, und man kann sich auch vorstellen, daß Shakyamuni die Ausflüge auf diesen Berg nutzte, um zu seinen Schülern zu predigen. Wie bereits erwähnt, soll er auf der Geierspitze auch das *Lotus Sutra* gepredigt haben. Von dieser Geierspitze aus machte er sich auf seine letzte Reise.

Bevor er sich dazu aufmachte, verweilte Shakyamuni eine Zeitlang auf der Geierspitze. Er war damals bereits achtzig Jahre alt, aber er ließ sich durch seine Betagtheit nicht von seiner Predigertätigkeit abhalten, eine Einstellung, die seine Nachfolger durch die Zeiten hindurch prägend beeinflußt hat. Bis in seine letzten Stunden arbeitete er an der Verbreitung der Wahrheit im Interesse der Errettung der Menschheit. Seine Hingabe und die Lauterkeit seiner Absichten waren es auch, die ihn geistig so jung und kräftig erhielten.

Physisch war er aber damals bereits sehr mager und schwach geworden, worüber er sich selbst völlig bewußt war. Er soll zu Ananda, der ihn auf seiner Reise begleitete, gesagt haben: „Ich bin jetzt alt, Ananda; ich bin schwach geworden. Meine Reise neigt sich dem Ende zu, und ich habe bald die Summe meiner Tage erreicht, denn ich bin achtzig Jahre alt. Ich bin ein alter Karren, der sich nur mehr bewegen läßt, wenn er mit Riemen zusammengeschnürt ist; auch mein Körper funktioniert nur mehr mit der Hilfe von Riemen."

Shakyamunis letzte Reise endete in Kushinagara, aber nach eingehendem Studium der Landkarte neige ich doch zu der Überzeugung, daß er sich nach der Überquerung des Ganges weiter nördlich auf dem Wege nach Kapilavastu befand. Vielleicht wollte er noch einmal vor seinem Tod Heimaterde betreten. Der Tod überraschte ihn aber unterwegs.

Von der Geierspitze aus reiste er zur Ortschaft Patali, wo er den Ganges überquerte und in das Land der Vajjis gelangte. Unterwegs predigte er seiner Gewohnheit gemäß zu zahlreichen Menschen, und viele sollen dadurch bekehrt worden sein. Eine große Zahl seiner Predigten während dieser Reise sind in den Schriften festgehalten.

Es gibt eine berühmte Anekdote über eine dieser Predigten, die er in einem Wald außerhalb von Vaishali, der Hauptstadt der Vajjis, hielt. Dieser Wald gehörte einer zum Buddhismus bekehrten Kurtisane namens Ambapali. Als sie hörte, daß Shakyamuni in ihren Wald gekommen war, eilte sie hin, um seiner Predigt zu lauschen. Tiefbewegt lud sie ihn darauf zum Essen ein. Er nahm die Einladung an und behandelte sie mit demselben Respekt wie die vornehmen Männer, die zu seinen Predigten gekommen waren. Später luden ihn auch manche der vornehmen Männer zum Essen ein, aber Shakyamuni lehnte höflichst ab und verwies auf seine Einladung bei Ambapali. Die Episode zeigt die völlig unparteiische Art, mit der Shakyamuni Männer wie Frauen aller sozialen Klassen behandelte, aber sie zeigt auch, daß er ein Mensch war, der die üblichen Regeln des gesellschaftlichen Verhaltens achtete.

Shakyamuni hielt sein Versprechen, ging am folgenden Tag zum Mittagessen in Ambapalis Haus und predigte ihr nach dem Essen das Gesetz. Sie war tief bewegt, und eine Legende berichtet, sie habe daraufhin ihren Wald und ihr Wohnhaus dem Orden vermacht.

Nach dieser Begebenheit zog sich Shakyamuni mit Ananda für die Regenzeit an einen Bambus-Hain-Dorf genannten Ort zurück, während die übrigen Schüler sich trennten und woanders eine Unterkunft suchten. Während dieser Zeit wurde Shakyamuni ernsthaft krank. Es ist nicht bekannt, welche Krankheit ihn befallen hatte, aber er soll große Schmerzen gehabt haben. Allein durch seine Willenskraft war er aber imstande, die Schmerzen schließlich zu überwinden. Ananda war natürlich sehr beunruhigt, aber er wußte nicht, wie er seinem Meister hätte helfen können. Manche Quellen meinen, er sei über den Ausgang der Krankheit nicht wirklich besorgt gewesen, weil er überzeugt davon war, daß Shakyamuni nicht sterben würde, ohne ihm genaue Instruktionen für den Orden zu hinterlassen. Daraus ersieht man jedenfalls, daß Shakyamunis Schüler von ihm völlig abhängig waren und sich weitgehend darauf beschränkten, seine Befehle auszuführen.

Als Shakyamuni, der sich des Nahens seines Endes bewußt war, diese völlige Abhängigkeit Anandas erkannte, soll er zu ihm gesagt haben: „Was erwartet der Orden von mir, Ananda? Ich habe das Gesetz gepredigt, ohne eine

Unterscheidung zwischen exoterischen und esoterischen Doktrinen zu machen. Beim All-Erweckten gibt es nicht die geschlossene Faust des Lehrers, der Dinge vor seinen Schülern verbirgt."

Er meinte damit, daß er seinen Jüngern bereits alles gelehrt hatte, was es über das Gesetz zu wissen gibt, und es sinnlos sei, von ihm noch mehr zu erwarten. Von nun an hätten sie sich nur mehr an das Gesetz zu halten und es zu verbreiten. Was seine Haltung gegenüber dem Orden betraf, fuhr er fort: „Wenn irgendwer denkt, ‚Ich werde die Sangha leiten', oder ‚Die Sangha ist abhängig von mir', dann soll er Bestimmungen für die *bikkhus* erlassen. Der Tathagata jedenfalls denkt weder ‚Ich bin es, der die Sangha führen wird', noch ‚Die *bikkhus* sind abhängig von mir'."

Damit stritt Shakyamuni letztlich ab, der Führer des Ordens zu sein und erklärte, daß er eigentlich vor allem ein Mitglied des Ordens sei, das wie alle anderen nach der Wahrheit strebe. Diese Worte zeigen seine Demut an, dienen aber auch dazu, sein ganzes Leben zu erfassen. Seine Haltung gegenüber den Schülern war die eines Freundes oder Kameraden, der wie sie nach demselben Ziel strebte und dieselbe Lebensphilosophie anerkannte. Mit diesen Worten wollte er aber auch das tiefe Gefühl der Abhängigkeit zerstreuen, das Ananda und die anderen Schüler mit ihm verbanden. Er ermahnte sie damit, daß sie vom Gesetz und nicht von Shakyamuni abhängig sein sollten.

Später, als er erkannte, daß er sterben würde, hinterließ er folgende Anweisungen für den Orden und die Führung der Mönche: „Darum müßt Ihr eure eigenen Inseln sein. Wählt das Selbst als euren Rückzug. Zieht euch in nichts zurück, was außerhalb euer selbst liegt. Haltet am Gesetz, als einer Insel fest und sucht keinen Schutz in irgendetwas anderem als euch selbst."

Mit diesen Worten definierte Shakyamuni geschickt jenen grundlegenden Geist, in dem die Mönche ihre religiösen Praktiken ausüben und die Verantwortung für sich selbst ergreifen sollten. Man neigt dazu, das Selbst als etwas eher Zerbrechliches und Unzuverlässiges zu betrachten, und so mag es erstaunen, daß der Buddha solches Gewicht darauf legte. Aber „Selbst" ist in diesem Falle ja nicht als jenes übliche Selbst gemeint, das sich infolge äußerer Einflüsse immer von neuem wandelt, sondern das Selbst, das durch das Gesetz auf einen Zustand der Dauerhaftigkeit hinstrebt. Wenn so ein festes Selbst einmal erreicht ist, so ist damit auch eine der wichtigsten Absichten des Buddhismus verwirklicht, und der Mensch ist frei, den Rest seines Lebens der Errettung anderer und der Verewigung des Gesetzes zu weihen.

Im Buddhismus wird die Abhängigkeit von anderen nicht angestrebt und die Hilfe von anderen nicht erwartet. Das Individuum muß in sich selbst ein gesundes Verständnis erzielen, strahlend und klar wie ein Spiegel, um dann mit diesem Verständnis als seinem einzigen Gefährten voranzuschreiten. Das Gesetz ist das Fundament, auf das man so ein Selbst bauen kann. Das Gesetz wiederum wohnt dem Leben jedes einzelnen Individuums inne; außerhalb des Selbst existiert es nicht. Ich glaube, das war es, was der Begründer der buddhistischen T'ien-t'ai-Sekte in China meinte, als er sich weitschweifig über die grundlegenden Prinzipien des Buddhismus ausließ und von den „im Geiste praktizierten Lehren Buddhas" sprach.

Ich möchte bei dieser Gelegenheit besonders darauf verweisen, daß keine andere Religion der Würde des Individuums und seinem subjektiven Wesen so große Bedeutung beimißt wie der Buddhismus. Das ist eigentlich der wesentliche Unterschied zwischen dem Buddhismus und den anderen Religionen. Der Buddhismus anerkennt das

Absolute nicht, wie die anderen Religionen, als außerhalb des Selbst existierend. Im Buddhismus ist das einzig Absolute das Dharma oder Gesetz des Lebens, das aber nichts anderes ist, als jenes innerhalb des Selbst existierende. Er trägt dem Individuum nur auf, diese Wahrheit zu erkennen und das in ihm existierende Dharma herauszuarbeiten. Mit anderen Worten, man verwandelt das gegenwärtige, sich wandelnde Selbst in jenes Selbst, das sich in perfekter Harmonie mit dem Gesetz befindet. Dieser Humanismus und diese Vorstellung einer menschlichen Revolution bildet die eigentliche Essenz der buddhistischen Religion.

Der Hufschmied Chunda

Wie wir gesehen haben, verbrachte Shakyamuni die letzte Regenzeit seines Lebens in der Bambus-Hain-Ortschaft am Stadtrand von Vaishali. Eines Tages, als der Regen bereits aufgehört hatte, soll er unter einem *Chapala* Baum sitzend gesagt haben: „Diese Welt ist wunderschön – es ist eine Freude, in ihr zu leben!“ Diese Bemerkung mag den Anschein einer literarischen Aussage haben, aber sie spiegelt sehr aufrichtig Shakyamunis Gefühle bei der Rückschau auf sein Leben wider. Es ist ja immer interessant zu sehen, wie die Welt jemandem erscheint, der den Tod vor Augen hat. Der bekannte japanische Schriftsteller Ryunosuke Akutagawa soll kurz vor seinem Selbstmord gesagt haben: „Die Natur scheint mir schöner als je zuvor. Das kommt daher, daß ich meine Augen das letzte Mal auf sie gerichtet habe." Shakyamuni sah dieselbe Schönheit rund um sich, wenngleich seine Worte nicht die leiseste Gebundenheit an diese Welt verraten. Vielmehr drücken sie ein Gefühl der Zufriedenheit über ein erfülltes Leben aus. Shakyamuni sollte den friedlichen, gelassenen Tod des wahrhaftigen Weisen sterben.

Shakyamuni setzte seine Reise in Richtung Norden mit Ananda als Gefährten fort und ließ die wunderschöne Region von Vaishali hinter sich zurück. Nachdem er zahlreiche Dörfer durchquert hatte, in denen er das Gesetz predigte, erreichte er einen Ort namens Pava. In diesem Dorf verweilten Shakyamuni und seine Jünger in einem Mango-Hain, der einem gewissen Chunda gehörte. Chunda war nur ein einfacher Hufschmied, aber ohne seine Absicht wurde er in die Begebenheiten rund um den Eingang des Buddhas ins Nirvana hineingezogen. Er hieß Shakyamuni freundlichst willkommen, lauschte den Predigten des Meisters und stellte ihm Fragen, die dieser vorsichtig beantwortete. Tief bewegt lud Chunda den Buddha und seine Schüler zum Essen in sein Haus und ließ ihnen in seiner freudigen und dankbaren Stimmung ein besonderes Mahl zubereiten, dessen Hauptbestandteil eine Pilzart gewesen sein soll. Shakyamuni nahm seine Gastfreundschaft barmherzig an und unterhielt sich mit dem Hufschmied so höflich, wie er es mit einem Prinzen oder Brahmanen getan hätte.

Leider sollte aber das Mahl für Shakyamuni, der sich ja nicht bei bester Gesundheit befand, schreckliche Folgen haben. Nach dem Essen wurde Shakyamuni von gewaltigen Schmerzen befallen und bald darauf wurde er ernsthaft krank. Die Art seiner Krankheit ist nicht bekannt, aber man nimmt an, daß es sich um Ruhr handelte, da berichtet wird, sie sei von Diarrhöe und Darmblutungen begleitet gewesen.

Shakyamuni gab dem Hufschmied keine Schuld. Ananda aber schalt Chunda in seiner Verzweiflung aus, jedoch Shakyamuni hielt ihn zurück und meinte, der Mann verdiene für das Mahl, das er in größter Ehrlichkeit dargeboten habe, größte Belohnung. Wenngleich dieses Mahl einen Krankheitsrückfall ausgelöst hatte, wußte Shakyamuni, daß dies nichts mit dem Geist der Verehrung und Großzügigkeit zu tun hatte, in dem es bereitet worden war. Daher durfte Chunda dafür auch nicht bestraft werden. Weil aber Shakyamuni wußte, daß es einfach dem menschlichen Wesen entsprochen hätte, Chunda trotzdem zu verurteilen, nahm er die Mühe auf sich, die Unsinnigkeit solchen Verhaltens darzulegen.

Parinirvana

Trotz der großen Schmerzen, die ihn nun befielen, bestand Shakyamuni darauf, seine Predigtreise mit Ananda an seiner Seite wie bisher fortzusetzen. Aber zu diesem Zeitpunkt war er durch sein Alter und die Krankheit bereits zu geschwächt, um noch sehr weit zu kommen. Seine letzte Station war Kushinagara.

Kushinagara liegt südwestlich von Kapilavastu. Zwar war er noch weit davon entfernt, aber immerhin gelangte er Schritt für Schritt näher zu seiner Heimat. Es kam aber der Tag, da er nicht mehr weiter gehen konnte. Bei Kushinagara machte sich Shakyamuni auf den Weg zu einem Salharz-Baum-Hain und ließ sich eine Liege unter den Bäumen aufstellen. Salharz-Bäume sollen früher in Kushinagara in großer Zahl gewachsen sein, und noch heute kann man sie dort finden.

Shakyamuni ruhte also auf der Liege, die ihm Ananda hergerichtet hatte, und erkannte klar, daß der Tod auf ihn zukam. So bat er Ananda, das Volk des Malla-Stammes, das in der Stadt Kushinagara lebte, davon zu unterrichten, daß der Buddha daran sei, ins Nirvana einzugehen. Die Mallas kamen zunächst, um ihre Verehrung zu bekunden. Unter ihnen befand sich ein Asket, der darum bat, vor den Buddha geführt zu werden, damit er ihn über das Gesetz befragen könne. Ananda, der wegen des Zustandes seines Meisters besorgt war, versuchte, diesen Wunsch zu unterbinden, und so entstand ein Streit zwischen den beiden. Als Shakyamuni das vernahm, bat er den Asketen, an sein Bett zu kommen. Nachdem er ihm seine Fragen über das Gesetz beantwortet hatte, gestattete er ihm, in den Orden einzutreten.

Dann wandte sich Shakyamuni an die um sein Bett versammelten Mönche mit den Worten: „Sterben ist allen zusammengesetzten Dingen innewohnend. Arbeitet mit Eifer an eurer eigenen Errettung." Das sollen seine letzten Worte gewesen sein.

Wie diese Begebenheit zeigt, lehrte Shakyamuni das Gesetz bis zu seinem letzten Augenblick. Er hatte sein erhabenes Leben vollständig dem Dharma und seiner Vorbereitung gewidmet. Gegen Mitternacht desselben Tages soll das in der buddhistischen Terminologie als Parinirvana oder „letztes Nirvana" bekannte Ereignis eingetreten sein. In Japan wird der 15. Februar als der Tag von Shakyamunis Eingang ins Nirvana gefeiert, wobei man sich auf die Legende beruft, die berichtet, daß dieser Eingang wie seine Erleuchtung am Ende einer Nacht im Vollmond von Vaishakha stattgefunden hat.

Eine der Schriften gibt folgenden dramatischen Bericht

von dieser Szene wieder: „Die Salharz-Bäume brachen außerhalb der Jahreszeit zu voller Blüte aus, beugten sich über den Tathagata und überhäuften den Körper mit ihren Blüten, als wollten sie damit dem Buddha die höchste Ehre erweisen. Himmlische Blumen regneten auf ihn herab und bedeckten den Tathagata, als wollten sie dem Buddha die höchste Ehre erweisen ... Und die Welt war wie ein Berg, dessen Gipfel durch einen Blitzschlag zerschmettert wird; sie war wie der Himmel ohne den Mond."

Was immer tatsächlich geschehen sein mag, wir können sicher sein, daß es zu einem Leben paßte, das vom Streben nach Güte, Harmonie, Ruhe und Stille geprägt war. Von den erschütterten Schülern wurde ein Begräbnis-Scheiterhaufen errichtet, und sieben Tage nach seinem Ableben wurde der Körper des Buddhas verbrannt. Seine Asche, die man nun als heilige Reliquie ansah, wurde durch König Ajatashatru von Magadha unter den Vertretern der verschiedenen Stämme aufgeteilt.

Der Tod eines wahrhaftig großen Mannes leitet häufig eher den Beginn als das Ende einer Epoche ein, wenn man vom Fortschritt des menschlichen Geistes ausgeht. Der Unterschied liegt darin, ob dieser Mann vorwiegend für seinen eigenen Ruhm gelebt hat oder sein Leben der Befolgung der ewigen Prinzipien der Wahrheit und der wahren Glücklichkeit der gesamten Menschheit gewidmet hat. Shakyamuni gehörte zur zweiten Gruppe, und so wurde seine Botschaft, weit davon entfernt, mit ihm zu sterben, von seinen Nachfolgern den Menschen späterer Zeiten überbracht. Damit begann nicht nur für sein Geburtsland, sondern für den gesamten asiatischen Kontinent eine neue Ära in der geistigen Geschichte der Menschheit. Aber das ist eine lange und komplizierte Geschichte, die zu erzählen man eine andere Gelegenheit abwarten sollte. Und obwohl die Geschichte des Buddhismus damit gerade erst begann, will ich meinen Bericht mit dem Ende seines Begründers abschließen.

Schlußbemerkung über die zehn Existenzzustände

Das T'ien-t'ai-buddhistische Denken kennt zehn Zustände der Existenz (*jikkai*), die in ansteigender Reihung als folgende Zustände beschrieben werden: (1) Hölle; (2) *pretas* (hungrige Geister) oder Raubgier; (3) Tiere oder Tierhaftigkeit; (4) *asuras* (zornige Teufel) oder Zorn; (5) menschliche Wesen oder Ruhe; (6) himmlische Wesen oder Entzücken; (7) *shravakas* oder Lernen; (8) *pratyekabuddha* oder Versunkensein; (9) Bodhisattvas; und schließlich (10) Buddha-Sein. Jede dieser zehn Welten enthält sich selbst und die anderen neun, was insgesamt hundert Welten macht. Diese werden durch die zehn Aspekte (auf Japanisch *junyoze*) bedingt, nämlich durch: Form, Wesen, Substanz, Macht, Funktion, Ursache, Beziehung, Wirkung, Ergebnis und Konsistenz. Das ergibt insgesamt tausend. Diese wiederum werden durch drei Gruppen von Umständen (auf Japanisch *sanseken*) bedingt; Umstände, die mit der physischen Natur der Lebensmanifestationen zusammenhängen; jene, die durch die individuellen Unterschiede innerhalb der Manifestationen verursacht werden; und jene, die durch die Natur des Ortes, an dem die Manifestation stattfindet, verursacht werden. Das ergibt insgesamt dreitausend. Alle

diese dreitausend (auf Japanisch *sanzen*) Welten sind in einem einzigen Augenblick des Lebens (auf Japanisch *ichinen*) des Individuums enthalten, woraus der Begriff *ichinen sansen*, oder „dreitausend Welten in einem Augenblick des Lebens“ entstanden ist.
(Anm. des englischen Übersetzers).

Register und Fremdwörterverzeichnis

Wo die romanisierte Form der Sanskrit- oder Pali-Begriffe im Text von der orthodoxen Schreibweise abweicht, ist letztere in Klammern angegeben. S steht für Sanskrit, P für Pali und J für Japanisch; nicht bezeichnete Wörter oder Namen können dem Sanskrit zugezählt werden. Japanische Entsprechungen werden nur für die wichtigsten Namen und Begriffe gegeben.

Agama-(Āgama-) Sutras (J): *Agon-kyō*. Vier Sutras in der chinesischen Tripitaka (Buddhistischer Kanon); die Theravada-(Hinajana-) Sutras im allgemeinen 89, 99, 107f

Agni: Brahmanischer Gott des Feuers 117, 153

Agon-kyō (J): siehe *Agama*-Sutras

Ajase-ō (J): siehe Ajatashatru

Ajatashatru (Ajatasatru) (J): Ajase-ō. König von Maghada und Sohn König Bimbisaras 59, 165f, 170, 174, 185

Ajita Kesakambala (P): Einer der sechs nicht-buddhistischen Lehrer 46f, 49

Alara Kalama (P; Ālāra Kālāma), J: Ararakaran. Eremiten-Weiser, bei dem Shakyamuni studierte 59f, 62ff

Ambapali (P; Ambapālī): ehemalige Kurtisane und Jüngerin Shakyamunis 177f

Anan (J): siehe Ananda

Ananda (Ānanda), J: Anan. Vetter Shakyamunis und einer der zehn wichtigsten Schüler 137, 139ff, 142, 161, 164, 171, 177f, 182ff

Anaritsu (J): siehe Anuruddha

Anathapindada (Anāthapiṇḍada): „Unterstützer der Bedürftigen“, eine Benennung Sudattas 135

Anga (Aṅga): Königreich in Ostindien 155

Angulimala (P; Aṅgulimāla), J: Ōkutsumara. Räuber, der Schüler Shakyamunis wurde 157f

anokutara-sammyaku-sambodai (J): siehe *anuttara-samyak-sambodhi*

Anouma: Fluß im Gebiet der Koliyas 38

Anuruddha, J.: Anaritsu. Einer der zehn wichtigsten Schüler Shakyamunis 137, 139, 141ff

anuttara-samjak-sambodhi (*-saṃbodhi*), J: *anokutara-sammjaku-sambodai.* „Perfekte und unübertroffene Weisheit“; perfekte Erleuchtung 89

Anyakyōjinnyo (J): siehe Anyatta Kaundanna

Anyatta Kaundanna (P), S: Ājñāta Kauṇḍinya. J: Anyakyōjinnyo. Einer der fünf Asketen, die Shakyamunis erste Schüler wurden 103, 105

Aranyaka (Āraṇyaka): „Wald-Abhandlungen“, brahmanische Werke, etwa aus dem Jahre 600 v. Chr. 32, 35, 43

Ararakaran (J): siehe Alara Kalama

arhat, J: *rakan; arakan.* Einer, der die Stufe eines Heiligen erreicht hat 130, 140

Asetsuji (J): siehe Assaji

Ashoka (Aśoka): Buddhistischer Herrscher aus dem dritten Jahrhundert v. Chr., dritter Monarch der Maurya-Dynastie, dem es gelang, fast ganz Indien unter seiner Herrschaft zu vereinen 16

ashura (J): siehe *asura*

Ashvaghosha (Aśvaghoṣa), J: Memyō. Indischer Dichter aus dem ersten oder zweiten Jahrhundert n. Chr. 10
ashvattha (aśvattha): Heiliger Bobaum (lat. ficus religiosa) die Art von Baum, unter dem Shakyamuni saß, als er die Erleuchtung erlangte 78f
Asita: Wahrsager, der vorhersagte, daß Shakyamuni entweder ein idealer Herrscher oder ein Buddha werden würde 36f
Assaji (P), S: Aśvajit. J: Asetsuji. Einer der frühen Schüler Shakyamunis 122ff
asura, J: *ashura*: Zorniger Teufel; der vierte der Zehn Existenzzustände 93, 186
atman (*ātman*), J. *ga*. Das Selbst oder die Seele im brahmanischen Denken 48
Avanti: Staat im wesentlichen Zentralindien 15, 147
Avatamsaka- (*Avataṃsaka-*) *Sutra*, J: *Kegon-kyō. Das Blumen-Girlanden-Sutra* 107f

Bagga: Stamm im alten Indien 15
Benares (Banāras): Stadt am Ganges; Hauptstadt des alten Königreiches Kashi 102f, 110, 113, 158f
bhikkhu (P), S: *bhiksu*, J: *biku*. „Einer, der um Essen bettelt“; Buddhistischer Mönch 39f, 71, 74f, 102, 122, 159, 179
bhikkhuni (P), S: *bhikṣuṇī*, J: bikuni. Buddhistische Nonne 141, 159
biku (J): siehe *bhikkhu*
bikuni (J): siehe *bhikkhuni*
Bimbashara-ō (J): siehe Bimbisara
Bimbisara (Bimbisāra), J: Bimbashara-ō. König von Magadha und Jünger Shakyamunis 15f, 21, 26, 44, 55f, 58f, 110, 115, 119f, 132, 164f, 174
Biruri-ō (J): siehe Vidudabha
bodai-ju (J): siehe Bodhi-Baum

bodhisattva, J: *bosatsu.* Höchste Stufe unter jener des Buddha-Seins; der neunte der zehn Existenz-Zustände 63, 87, 101, 186
Bodhi-Baum, J: *bodai-ju.* Der Baum, unter dem Shakyamuni saß, als er die Erleuchtung erreichte; siehe auch *ashvattha* 25, 78f, 85, 89, 91, 95f, 106
Bounōma: einer der vier Teufel in der buddhist. Philosophie 81
bosatsu (J): siehe bodhisattva
Brahma (Brahmā): Wichtige brahmanische Gottheit 84, 100
brahmacharin (*brahmacārin*): Studentenschaft; erste der vier traditionellen brahmanischen Lebensperioden 33
Brahmanen (Brāhmanen): Die Priesterklasse, die höchste der vier Klassen in der brahmanischen Gesellschaft 40, 75, 153, 155, 157, 172
Brahmanismus: Religion 47, 55, 137
Buddha, J: *butsuda; hotoke.* Ein Erleuchteter 30, 160, 172, 184f, 186
Buddhacharita (*Buddhacarita*), J: *Busshogyō-san. Die Taten des Buddhas* von Ashvaghosha 10, 12
Buddh Gaya (Buddh Gayā): Der Ort, wo Shakyamuni die Erleuchtung erreichte; auch Bodhgaya genannt 25, 65, 77f, 89, 102, 107
Buli: Stamm im alten Indien 81
Busshogyō-San (J): siehe *Buddhacharita*
butsuda (J): siehe Buddha

Chakravarti-raja (Cakravarti-rāja), J: Tenrinnō. „Raddrehender König“; der ideale Herrscher 20, 29f, 109
Chandaka, J: Shanoku. Bediensteter Shakyamunis 37f
Chi-Man: siehe Angulimala

Ching-fan-wang, J: Jōbonnō. „König Reiner Reis"; chinesische Übersetzung des Namens Shuddhodana 18
Chu-agon-kyō (J): siehe *Madhyam-agama-Sutra*
Chunda (Cunda), J: Junda. Hufschmied und Jünger Shakyamunis 182f

Daibadatta (J): siehe Devadatta
Daichido-ron (J): siehe *Mahaprajna-paramitopadesha*
Daihatsu-nehan-gyō (J): siehe *Mahaparinirvana Sutra*
daijō (J): siehe Mahayana
Dammadina: buddhistische Nonne 164
Devadatta, J: Daibadatta. Vetter Shakyamunis, der ein Jünger war, sich aber später gegen ihn wandte 22, 137, 139f, 143, 150, 164ff, 167ff, 170
Dharma, J: *hō.* Buddhistische Wahrheit oder Doktrin 80, 84, 92, 99, 105, 126, 160, 181, 184
Dharmachakra-pravartana-(Dharmacakra-pravartana-) Sutra, P: *Dhammacakkha-pavattana-sutra.* Ein Pali-Sutra, das Shakyamunis erste Predigt an die fünf Asketen enthält 71
dhuta (*dhūta*), J: *zuda.* Leichte asketische Vorschriften 129
dhyana (*dhyāna*), J: *zen.* Meditation 50, 61, 65, 90, 160

engaku (J): siehe *pratyeka-buddha*
engi (J): siehe *pratitya-samutpada*

Furuna (J): siehe Purna

ga (J): siehe *atman*
Gautama, P. Gotama, J: Kudon. Anderer Name für Shakyamuni 11, 45, 83, 104
Gava: Ort bei Sena 78

Gaya-kashō (J): siehe Gaya Kashyapa
Gaya Kashyapa (Gayā Kāśyapa), J: Gaya-kasho. Einer der frühen Schüler Shakyamunis 116
Gayasisa: Ort, wohin Devadatta und die Abtrünnigen nach der Spaltung des Ordens gingen 168
gedatsu (J): siehe *vimukti*
Genjō (J): siehe Hsüan-tsang
ghat (Hindi; ghāt): Anlegestelle mit Treppen zu einem Fluß
Gida-taishi (J): siehe Jeta
Gion-shōja (J): siehe Jetavana *vihara*
Gishakussen (J): siehe Gridhrakuta
gōma jōdō (J): „Mara besiegen und das Buddha-Sein erreichen", ein Satz, der zur Beschreibung von Shakyamunis Erleuchtung benützt wird 80
Gridhrakuta (Gṛdhrakuṭa), J: Gishakussen. Geierspitze, ein Berg bei Rajagaha in Magadha 166, 171, 176
Grihastha (*gṛhastha*): Haushälter; zweite der vier traditionellen brahmanischen Lebensabschnitte 33

hannya (J): siehe *prajna*
Hannya-haramitta-gyō (J): siehe *Prajna-Paramita*-Sutras
Hashinoku-ō (J): siehe Pasenadi
hatsu-nehan (J): siehe Parinirvana
Heike-Sage 135
hō (J): siehe Dharma
hōdō (J): siehe *vaipulya*
hsien: chines. Bezeichnung für Einsiedler 60
Hsüan-tsang (Hsüan-chuang), J: Genjō. Chinesischer Mönch (600–664), der Indien bereiste und einen Reisebericht verfaßte 13

ichinen sanzen (J): „Dreitausend Welten in einem Augenblick des Lebens" 86, 97, 187

Ikshvaku (Ikṣvāku): „Zuckerrohr-König", legendärer Vorfahre des Puru-Stammes und von Shakyamuni 14

Jainismus: Religion 46f, 67, 72, 172
Jatila (Jaṭila): Sekte brahmanischer Asketen 116
Jeta, J: Gida-taishi. Kronprinz von Koshala 135
Jetavana *vihara* (*-vihāra*), J: Gion-shōja. Von Sudatta in Savatthi errichtetes Kloster 135, 147, 150ff, 155, 158 167
jikkai (J): Zehn Existenzzustände; siehe Zusatznotiz am Ende des Verzeichnisses 86, 97, 100, 186
Jōbonnō (J): siehe Ching-fan-wang
Jōza-bu (J): siehe Theravada
Junda (J): siehe Chunda

Kabira-jō (J): siehe Kapilavastu
Kanthaka (Kaṇṭhaka), J: Kenchoku. Shakyamunis Pferd 37
Kapilavastu, J: Kabira-jō. Hauptstadt des Shakya-Königreiches 12f, 16, 19, 22, 36ff, 42, 55f, 136ff, 142, 164, 177, 183
karma, J: gō. Gesetz oder Prinzip von Ursache und Wirkung; Kausalität 39, 49, 92, 111
Kasennen (J): siehe Katyayana
Kashi (kāśī): Königreich mit der Hauptstadt in Benares 110
Katyayana (Kātyāyana), P: Kaccana, J: Kasennen. Einer der zehn wichtigsten Schüler Shakyamunis 145, 147, 149
Kegon-kyō (J): siehe *Avatamsaka-Sutra*
Kenchoku (J): siehe Kanthaka
Khema (P): Gemahlin König Bimbisaras, die buddhistische Nonne wurde 164

Koliya (P; Koḷiya): Stamm im alten Indien 13, 15, 19, 38
Kosambi (P; Kosambī), S: Kausāmbī. Stadt im alten Indien 158, 164
Koshala (Kośala): Königreich im alten Indien 15f, 42, 44f, 53, 55f, 58, 134ff, 146, 150f, 156, 174
Kshatriya (Kṣatriya): Krieger- oder Herrscherklasse, die zweithöchste im Vier-Klassen-System der brahmanischen Gesellschaft 40, 43, 46, 133, 155
kū (J): siehe *shunyata*
Kudon (J): siehe Gautama
Kushinagara (Kuśinagara), P: Kusinārā, J: Kushinagara. Stadt, in der Shakyamuni starb 171, 177, 183f
Kjōzō (J): siehe *Sutra-pitaka*

Licchavi: Stamm im alten Indien 46
Lotus-Sutra 57, 97, 108, 163, 169, 176
Lumbini-(Lumbinī-)Gärten: Geburtsort Shakyamunis 12, 19, 36

Madhjam-agama- (*Mādhyam-āgama-*) *Sutra*, J: *Chū-agon-gyō*. Eines der vier *Agama*-Sutras 63f
Magadha: Königreich im alten Indien 13, 15f, 21, 26, 38, 42, 44f, 53, 55f, 59f, 62, 66, 102, 110, 115, 119, 121, 127, 129, 132, 134, 136, 150f, 166, 174, 176, 185
Mahakashyapa (Mahākāśyapa), J: Maka-kashō. Einer der zehn wichtigsten Schüler Shakyamunis 115, 121, 129ff, 132, 139ff
Mahakatyayana: siehe Katyayana
Mahaparinirvana-(*Mahāparinirvāna-*) *Sutra*, P: *Mahāparinibbāna-suttanta*, J: *Daihatsu-nehan-gyō*. *Sutra vom Großen Nirvana* 170f
Mahaprajapati (Mahāprajāpatī), J: Makahajahadai. Shakyamunis Tante mütterlicherseits 19, 143, 161

Mahaprajna-paramita- (*Mahāprajñā-pāramitā-*) *Sutra*, J: *Maka-hannya-haramitta-gyō*. Große *Prajna-paramita-Sutra* 80
Mahaprajna-paramitopadesha: Kommentar der *Mahaprajna-paramita-Sutra* 80
Mahayana (Mahāyāna), J: *daijō*. „Großes Fahrzeug"; die Art von Buddhismus, die vor allem in China, Korea, Japan und Vietnam praktiziert wird 107f
Makahajahadai (J): siehe Mahaprajapati
Maka-hannya-haramitta-gyō (J): siehe *Mahaprajna-paramita-Sutra*
Maka-kashō (J): siehe Mahakashyapa
Makkhali Gosala (P; Makkhali Gosāla): Einer der sechs nicht-buddhistischen Lehrer 46, 49
Malla: Stammes-Staat im alten Indien 15, 38, 171, 184
Mara (Māra), J: Mara. Der Teuflische; der Teufel 79ff, 82ff, 89, 99f
Maudgalyayana (Maudgalyāyana), P: Moggallāna, J: Mokkenren. Einer der zehn wichtigsten Schüler Shakyamunis 48, 115, 121f, 124, 126f, 131, 148, 166, 169, 171f
Maya (Māyā), J: Maya. Shakyamunis Mutter 18f
Memyō (J): siehe Ashevaghosha
Mokkenren (J): siehe Maudgalyayana
Mrigara-matri- (Mṛgāra-mātṛ-)Halle: Buddhistische Einrichtung in Savatthi 155f
Moriya: Stamm im alten Indien 15
munda (*muṇḍa*): „Tonsurierter", Bezeichnung für buddhistische Mönche 38
munja (*muñja*): Schilfartiges Gras 79, 82

Nadai-kashō (J): siehe Nadi Kashyapa
Nadi Kashyapa (Nadī Kāśyapa), P: Nadī Kassapa, J: Nadaikashō. Einer der ersten Schüler Shakyamunis 116

Nagarjuna (Nāgārjuna), J: Ryūju. Buddhistischer Philosoph des zweiten oder dritten Jahrhunderts n. Chr. 80, 112
Nairanjana: Zufluß des Ganges 65f, 77
Nanda, J: Nanda. Jüngerer Halbbruder Shakyamunis 137f
Naraka: Heimatort Shariputras 172
nehan (J): siehe Nirvana
Nigantha Nataputta (P; Nigaṇṭha Nātaputta). Einer der sechs nicht-buddhistischen Lehrer und der Begründer der Jain-Religion 46f, 67
Nirvana (Nirvāṇa), P: Nibbāna, J: *nehan.* Letztes Stadium der Erleuchtung oder der Erlöschung 63, 72, 139, 160, 171, 182, 184
Nirvana-Sutra: siehe *Mahaparinirvana-Sutra*
Nyorai (J): siehe Tathagata

Ōkutsumara (J): siehe Angulimala
Onma: einer der vier Teufel in der buddhist. Philosophie 81
Osha-jo (J): siehe Rajagaha

Pakudha Kaccayana (P; Pakudha Kaccāyana): Einer der sechs nicht-buddhistischen Lehrer 46, 49
Pandava (Pāṇḍava): Berg bei Rajagaha in Magadha 57, 59
pansukula (*pāṇsukūla*): Gewand aus Lumpen 79
Parinirvana (Parinirvāṇa), P: Parinbbāna, J: *hatsu-nehan.* „Endgültiges Nirvana“, der Begriff, der für den Tod Shakyamunis verwendet wird 184
Pasenadi (P), S: Prasenajit, J: Hashinoku-ō. König von Koshala und Jünger Shakyamunis 15, 44, 156f, 174
Patali (Pāṭali): Ortschaft am Ganges 177

Pava (Pāva): Dorf im Himalaja, wo Shakyamuni das Mahl einnahm, das letztlich zu seinem Tod führte 182
prajna (prajñā), J: *hannya*. Weisheit 160
Prajna-paramita- (prajñā-pāramitā-) Sutras, J: *Hannya-hara-mitta-gyō*. Sammlung von Sutras, die die *shunjata*-Doktrin behandeln 108, 148
pratitya-samutpada (pratītya-samutpāda), J: *engi*. „Abhängiger Ursprung"; das Konzept oder Gesetz der Kausalität 94
pratyeka-buddha, J: *engaku*. „Privat-Buddha"; der achte von den zehn Existenzzuständen 63, 87f, 101, 186
pretas: hungriger Geist; der zweite von den zehn Existenzzuständen 186
Purana Kassapa (P; Pūraṇa Kāssapa): Einer der sechs nicht-buddhistischen Lehrer 46, 49
Purna (Pūrṇa), P: Punna, J: Furuna. Einer der zehn wichtigsten Schüler Shakyamunis 145ff, 149
Puru (Pūru): Stamm im alten Indien 14

Ragora (J): siehe Rahula
Rahula (Rāhula), J: Ragora. Sohn Shakyamunis und einer der zehn wichtigsten Schüler Shakyamunis 23, 137
Rajagaha (P; Rājagaha), S: Rājagṛha, J: Ōsha-jō. Hauptstadt von Magadha 13, 38, 45, 53, 56f, 65, 110, 119, 122, 132, 134, 150, 158f, 171, 174, 176
rakan (J): siehe Arhat
rinne (J): siehe *samsara*
ritsu (J): siehe *vinaya*
ryūyu (J): siehe Nagarjuna

Saketa (Sāketa): Stadt im alten Indien 158
samadhi (*samādhi*), J: *sammai*. Konzentration 63f, 88
sammai (J): siehe *samadhi*

samsara (saṃsāra), J: *rinne.* Seelenwanderung; das Reich von Geburt und Tod 49
Sangha (Saṃgha), J: *sō.* Der buddhistische Orden oder die buddhistische Gemeinschaft 105, 133, 142, 150, 155, 158ff, 165, 173, 179
Sanjaya Velatthiputta (P; Sañjaya Velaṭṭhiputta): Einer der sechs nicht-buddhistischen Lehrer 46, 48, 121f, 125, 127, 132
sannyasin (*Sannyāsin*): Heimatloser Wanderer; letzte der vier traditionellen brahmanischen Lebensabschnitte 33
sanseben: die drei Gruppen von Umständen 186
sanshō-shima (J): „Drei Hindernisse und vier Teufel", ein Begriff für viele Verirrungen und Hindernisse auf dem Weg zur Erleuchtung 81
sanzen: die dreitausend Welten 186
Saptaparna-guha (Saptaparṇa-guhā), J: Shishiyō-kustu. Höhle der Sieben Blätter in Rajagaha 159
Sarnath (Sārnāth): Ort nahe Benares, wo Shakyamuni den fünf Asketen seine erste Predigt hielt 102f, 105, 107f, 111
Savatthi (P; Sāvatthī), S: Śrāvastī. Hauptstadt von Koshala 45, 53, 134, 146f, 149ff, 152, 155f, 158f
Sena: Ort in Uruvela 65f, 78, 102
Shaka (J): siehe Shakya
Shakamuni (J): siehe Shakyamuni
Shakuson (J): Respektsbezeichnung für den Buddha 11
Shakya (Śākya), J: Shaka. Stamm, dem Shakyamuni angehörte 11f, 13ff, 16ff, 21f, 26, 28, 55, 58, 74, 136f, 139, 141f, 164, 171, 173ff, 176
Shakyamuni (Śākyamuni), J: Shakamuni. „Weiser der Shakyas" (hier wurde wegen der Fülle der Nennungen auf Seitenangaben verzichtet)
shamon (J): siehe *shramana*

Shanoku (J): siehe Chandaka
Sharihotsu (J): siehe Shariputra
Shariputra (Sāriputra), P: Sāriputta, J: Sharihotsu. Einer der zehn wichtigsten Schüler Shakyamunis 48, 115, 121f, 123f, 126f, 131, 138, 148, 166, 169, 171ff
Shichiyō-kutsu (J): siehe Saptaparna-guha
Shima: einer der vier Teufel in der buddhist. Philosophie 81
Shitta-taishi (J): siehe Siddhartha
shōmon (J): siehe *shravaka*
shramana (*śramaṇa*), J: *shamon.* „Einer, der der Askese nachgeht"; ein Asket 45f, 48, 69
shravaka (śrāvaka), J: *shōmon.* Einer, der die Erleuchtung erreicht, indem er den Lehren des Buddhas lauscht; der siebente der zehn Existenz-Zustände 63, 124, 126, 186
shreshthin (*śreṣṭhin*): Wohlhabende Kaufleute oder Bankiers 44
Shubodai (J): siehe Subhuti
Shudatsu (J): siehe Sudatta
Shuddhodana (Śuddhodana), J: Jōbonnō. Vater Shakyamunis und Herrscher des Shakya-Staates 12, 18, 21, 36f, 137f
Shudra (Śūdra): Niederste der vier Klassen der brahmanischen Gesellschaft 40, 155
shunyata (*śūnyatā*), J: *kū.* Häufig als „Leere" oder „Lücke" übersetzt; Nichiren Shōshū zieht die etwas bildlichere Übersetzung mit „Verborgene Kraft" vor 148
Siddharta (Siddhārtha), J: Shitta-taishi. Ein anderer Name für Shakyamuni 11
Sinca: Kurtisane 152
sō (J): siehe Sangha
Subhuti (Subhūti), J: Shubodai. Einer der zehn wichtigsten Schüler Shakyamunis 145, 147ff

Sudatta, J: Shudatsu. Wohlhabender Bewohner Savatthis und ein Schüler Shakyamunis 45, 110, 133ff, 136, 145, 148, 150f, 156
Sujata (P; Sujātā): Dorfmädchen, das Shakyamuni zu essen anbot, als er seine Askese aufgegeben hatte 78
Sundavi: Kurtisane 152
Sundarika: indische Prinzessin 138
Sutra-pitaka (*Sūtra-piṭaka*), J: *Kyōzō*. Einer der drei Teile des Tripitaka (Buddhistischer Kanon), der die Predigten Shakyamunis enthält

tapas: wörtlich „Hitze"; asketische Praktiken 68
Ta-t'ang hsi-yü-chi: Reisebericht über Indien, den der chinesische Mönch und Pilger Hsün-tsang verfaßt hat 13
Tathagata (Tathāgata), J: Nyorai. „So gekommen", eine Bezeichnung für den Buddha 104, 123, 179, 184
Tenjima: einer der vier Teufel in der buddhist. Philosophie 81
Tenrinnō (J): siehe Chakravarti-raja
Theravada (P; Theravāda), S: Sthavira, J: Jōza-bu. „Lehren der Alten"; die Art des Buddhismus, die in Sri Lanka und Südostasien praktiziert wird; auch als Hinayana bekannt 11, 94
T'ien-t'ai: Buddhismusschule in China 107, 180, 186

ubai (J): siehe *upasika*
ubasoku (J): siehe *upasaka*
Uddaka Ramaputta (P; Uddaka Rāmaputta): Eremiten-Weiser, bei dem Shakyamuni studierte 59f, 63f
Ujjain: Hauptstadt des Staates Avanti 147, 158
Upali (Upāli), J: Upari. Einer der zehn wichtigsten Schüler Shakyamunis 137, 141ff

Upanishads (Upaniṣads): Brahmanische philosophische Schriften 32, 43, 49, 61
Upari (J): siehe Upali
upasaka (*upāsaka*), J: *ubasoku.* Männlicher Laien-Gläubiger des Buddhismus 159
upasika (*upāsikā*), J: *ubai.* Weibliche Laien-Gläubige des Buddhismus 159
Uppalavanna (P; Uppalavaṇṇā), S: Utpalavarṇā. Eine buddhistische Nonne 164
Urubinra-kashō (J): siehe Uruvela Kashyapa
Uruvela (P; Uruvelā), S: Uruvilvā. Gebiet in Magadha 65f, 78, 113, 115, 117
Uruvela Kashyapa (Kāśyapa), J: Urubinra-kashō. Einer der frühen Jünger Shakyamunis 116ff

vaipulya, J: *hōdō.* Dritte der fünf Perioden von Shakyamunis Predigttätigkeit gemäß einer Klassifizierung der T'ien-t'ai 108
Vaishakha (Vaiśākha): Einer der zwölf Monate im Mondjahr 84f, 184
Vaishali (Vaiśālī): Hauptstadt der Vajji-Stämme 62, 158f, 177, 181f
Vaishya (Vaiśya): Klasse der Kaufleute, dritte der vier Klassen in der brahmanischen Gesellschaft 40, 43, 155
Vajji (P), S: Vṛjji. Stammes-Bund im alten Indien 15, 38, 117
vanaprastha (*vānaprastha*): Wald-Eremit; dritte der traditionellen vier brahmanischen Lebensabschnitte 33
Vatsa: Königreich im alten Indien 15
Vedas: Grundlegende Schriften des Brahmanismus 14
Vidudabha (P; Viḍūḍabha), S: Virūḍhaka, J: Biruri-ō. König von Koshala und Sohn König Pasenadis 174f
vimukti, J: *gedatsu.* Freiheit oder Befreiung 61

vinaja, J: *ritsu*. Regeln der Lehrmethode 142f
Vindhja: Bergkette in Zentralindien 62
Vishakha (Viśākhā): Frau, die Shakyamuni die Mrigaramatri-Halle vermachte 155

Yasa (P), S: Yaśas, J: Yasha. Frühzeitig von Shakyamuni Bekehrter 110ff, 116
Yasha (J): siehe Yasa
Yashodhara (Yaśodharā), J: Yashudara. Gemahlin Shakyamunis 22f, 138
Yashudara (J): siehe Yashodara
Yoga: Meditation 50, 60ff, 64, 66, 68, 70, 79

Zen (J): siehe dhyana
Zuda (J): siehe dhuta

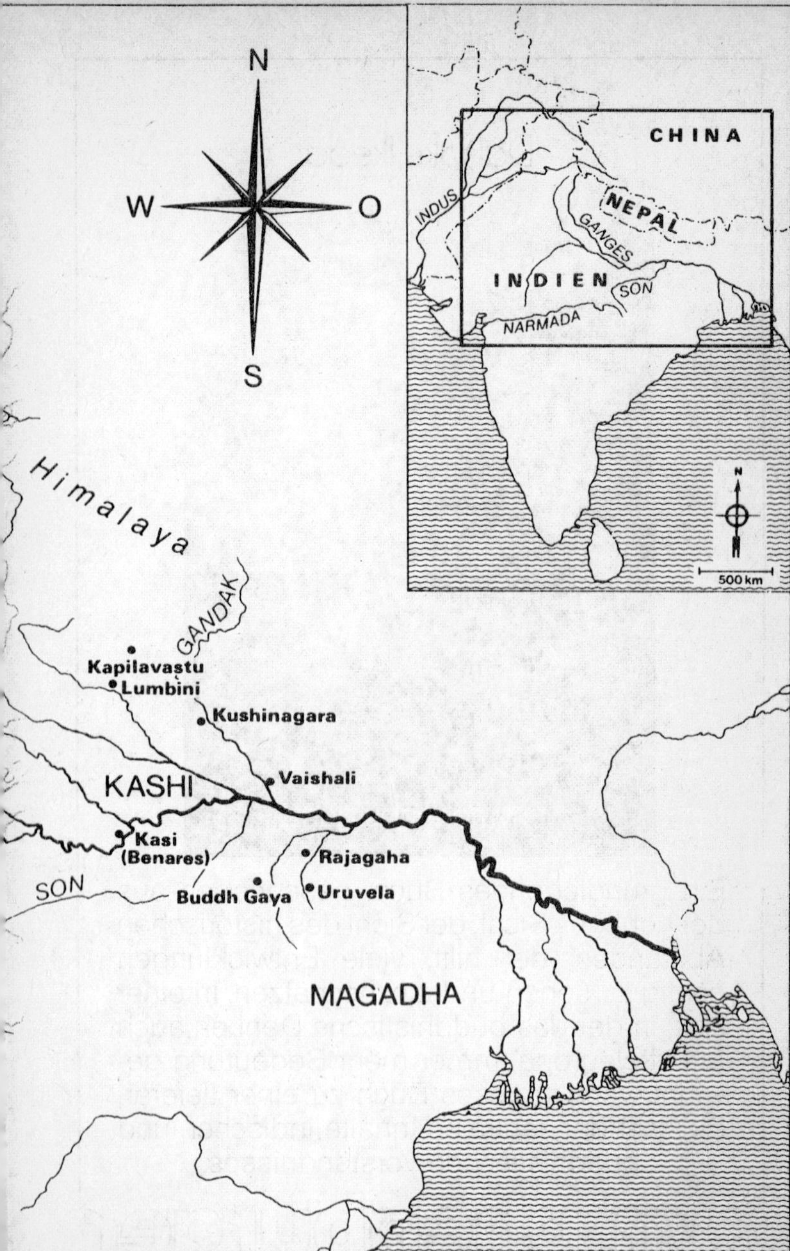

N
W
O
S
CHINA
NEPAL
INDUS
GANGES
INDIEN
SON
NARMADA
N
500 km
Himalaya
GANDAK
Kapilavastu
Lumbini
Kushinagara
Vaishali
KASHI
Kasi
(Benares)
Rajagaha
SON
Buddh Gaya
Uruvela
MAGADHA

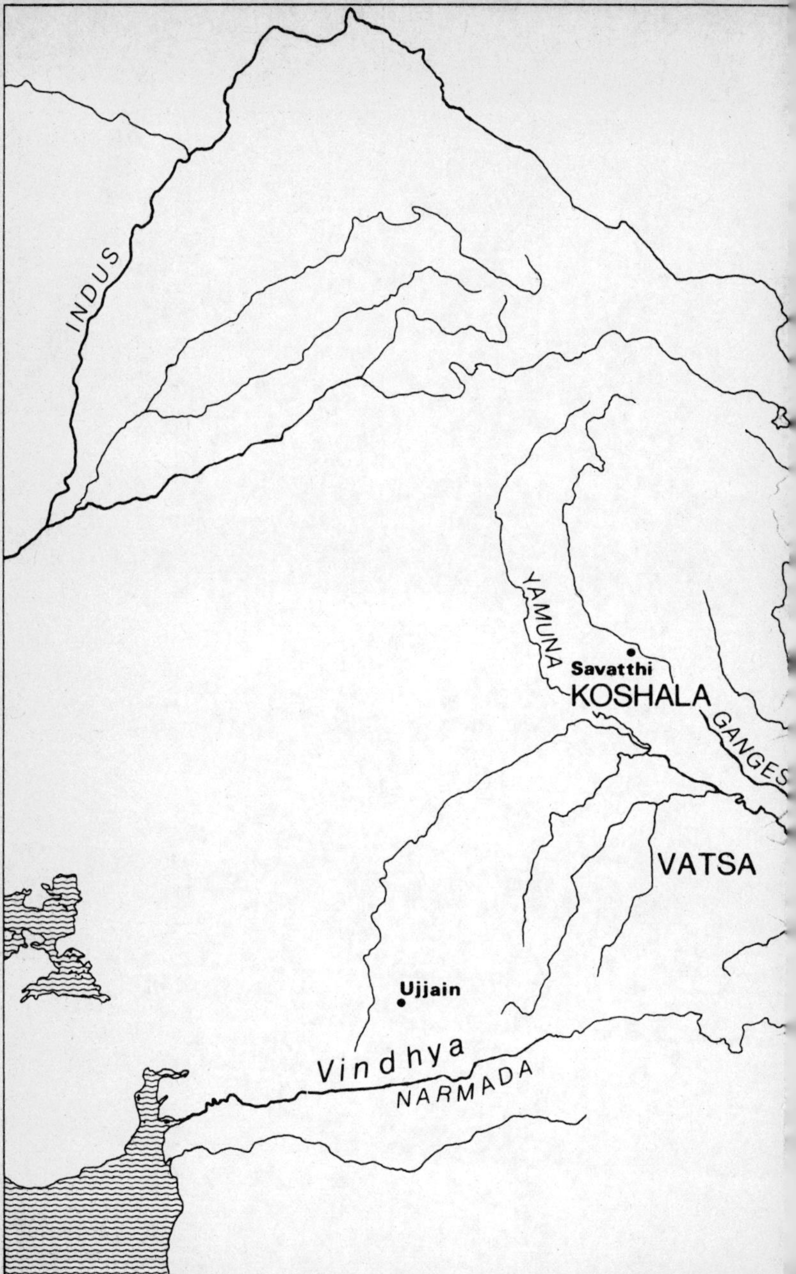
INDUS
YAMUNA
Savatthi
KOSHALA
GANGES
VATSA
Ujjain
Vindhya
NARMADA